乾嘉經學史論

—— 以漢宋之爭為核心之研究

田富美 著

文 史 哲 學 集 成
文史哲出版社印行

國家圖書館出版品預行編目資料

乾嘉經學史論：以漢宋之爭為核心之研究/田
富美著. -- 初版 臺北市：文史哲，
民 102.03
頁；公分（文史哲學集成；636）
參考書目：頁
ISBN 978-986-314-096-2（平裝）

1.經學 2.中國哲學 3. 文集

090.7　　　　　　　　　　　102005406

文史哲學集成　636

乾 嘉 經 學 史 論
── 以漢宋之爭為核心之研究

著　　　者：田　　　　　富　　　　　美
出 版 者：文　史　哲　出　版　社
http://www.lapen.com.tw
e-mail：lapen@ms74.hinet.net
登記證字號：行政院新聞局版臺業字五三三七號
發 行 人：彭　　　　正　　　　雄
發 行 所：文　史　哲　出　版　社
印 刷 者：文　史　哲　出　版　社
臺北市羅斯福路一段七十二巷四號
郵政劃撥帳號：一六一八○一七五
電話 886-2-23511028・傳真 886-2-23965656

實價新臺幣三○○元

中華民國一○二年（2013）三月初版

乾嘉經學史論
—— 以漢宋之爭為核心之研究

目　　次

自　序

　　一本書的完成，要感謝的人實在太多。

　　本書是在政大博士班畢業後，進入銘傳應中系擔任教職中陸續完成的。當然，若沒有政大中文系的鍛造，點滴的積累為基礎，又何以能在無涯的學術殿堂中嘗試找尋一立錐之地？在政大十年的求學生涯中，許許多多師長的教誨、同學之間的砥礪，是我最豐碩的收獲；其中，指導教授董金裕老師引領我踏入思想領域，十多年來問學的啓迪、處世的涵養、甚至畢業後工作的關照，還有師母溫暖的笑容與親切的關懷，直至現今，讓我在跌跌撞撞的人生路上，可以一次次再站起來，繼續向前踽行，這樣的師恩，是要銘記一輩子的。

　　進入銘傳應中系，蒙受陳德昭院長、亞萍主任的錄用，以及溫菊、秀雲二位主任的提攜，讓我能在學業告一段落之後，得以有一學以致用的天地；在系上承得蔡信發老師深厚學養與嚴謹學術態度的薰陶，對於學資歷尚淺的晚輩一再肯定與鼓勵，是原本想懶散度日的我，仍鞭策自己在學術上兢兢業業，持續努力的動力。此外，與麗玲、志煌、雯卿、啓仁老師分享教學工作中的甘苦，在面對現實與理想拉扯之際，找到可以平衡、消解的途徑；系秘楊姐、助理思妤在學務、行政上的協助，都是在銘傳這五年多來工作得以順利進行的重要原因。

　　本書除序論之外，所有論文均曾在學術研討會宣讀，並於會後收入會議論文集或刊登於學術期刊，是以在此必須向多位會議討論人、匿名審查委員再次致上謝忱，不論是在研討會議上的指導或書面的建議，都是我日後論述策略及思考脈絡修正的基礎；另外，怡雅、秀玲、姵含在擔任國科會計畫助理期間，爲我影印資料、處理繁雜的事物，讓各篇論文得以如期完成；以及文史哲出版社極有效率的編排本書，在此也應一併感謝。最後，我要感謝父母親、哥哥在我成長路上所有選擇的支持，淑文、德華、紹華、瑩酈、正怡等摯友對我的任性給予這麼多的寬容，以及市立大同高中曾經的工作夥伴純靜、凱翎、費毓港，由於他們的陪伴，讓我在每個深夜孤燈下振筆疾書、埋首敲擊電腦鍵盤之時，不曾感受寂寞的滋味。

田富美
序於 2013 年 3 月銘傳大學應中系

序　論

　　近年來論究清代學術者，大多認同清代儒學自有一異於宋明儒學的義理典範。大體而言，清代義理思想是以乾嘉時期（1736-1820）的戴震（1723-1777）為首所主「氣」為根源的思考進路，「氣」在其思想體系的位階正如同程朱學派中的「理」或陸王學派中的「心」一樣：論「理」或「道」必本諸氣化流行所構生的實體實事中分析、探究；論心性則肯定欲與情的存在價值，能通達天下人之情、遂天下人之欲，使之無所差繆、不爽失，即是人性之善；而見諸於修養工夫則凸顯由經驗世界中人、事、物的客觀認知以釐析出義理的重要性，影響所至，便是對經典文獻的重視與依賴，以及隨之必然的歸納、整理方法，要求由文字訓詁以明理義的問學工夫。承繼而起的焦循（1763-1820）、凌廷堪（1757-1809）、阮元（1764-1849）等人，不但延續了戴氏的義理主張，同時有更進一步的彰揚，成為乾嘉學術主流。在此基礎上，檢視清代學術中所謂的「漢、宋學之爭」，則或可指出傳統將之理解為考據與義理之爭[1]，應是未將清代義理思想建構的事實

1　如余英時評論各家學者對清代學術與宋明儒學之看法後，指出其有一共同的出發點：「即以討論理、氣、性、命的所謂『義理』之學為宋明儒學的典型，而以之與乾嘉時代名物訓詁的『考據』之學相對照。這種漢宋（自注：即所謂考據與義理）的對峙，自十八世紀中葉以來即已顯然。」參見氏著：〈從宋明儒學的發展論清代思想史 —— 宋明儒學中智識主義的傳統〉，收於《歷史與思想》（臺北：聯經出版公司，1976 年），頁 89。

納入考量；至於將之視爲清人在治經上對漢朝經說或宋明儒經說的取捨與批評[2]，若進一步追溯，勢必將涉及解經者對於經義的肯認與取捨，換言之，這些取捨或批評中所含藏的理據、思想應才是漢、宋學論爭的根源所在。依此，論究漢、宋學之爭，若從乾嘉義理學與宋明理學間對峙、爭辯的角度而論[3]，則應能有更完整、精確的理解。

　　更進一步來看，不難發現此一論題還必須考究清儒對於所論漢學、宋學內涵的概念具有多層含義：清人揭示「漢學」一詞，初用以指漢人經說；至於以「漢學」概括自己的學術，治經力崇漢儒古訓、家法，後漸蔚爲主流學風，惠棟（1697-1758）實居於關鍵的樞紐。惠氏在論學上高度推崇漢代，且屢屢貶抑宋人治經，嚴判漢、宋之別[4]，主張治經門徑：

2　如皮錫瑞言：「國初諸儒治經，取漢、唐注疏及宋、元、明人之說，擇善而從。」參見氏著：《經學歷史》（臺北：藝文印書館，1987年二版），〈經學復盛時代〉，頁335；江藩編纂《國朝漢學師承記》後，又撰《國朝經師經義目錄》，其子江均於跋語中言江藩著錄書籍的原則爲「意不純乎漢儒古訓者，不著錄。」參見江藩：《國朝經師經義目錄》（收於江藩、方東樹：《漢學師承記（外二種）》，香港：三聯書店，1998年），總頁178。

3　過去學者論及清代漢、宋學之爭時，已論及二者主要乃在於思想型態上的差異，如張君勱：〈中國學術史上漢宋兩派之長短得失〉，收於項維新、劉福增主編：《中國哲學思想論集》（臺北：水牛出版社，1988年再版），頁207-228。另可參見張麗珠：〈「漢宋之爭」難以調和的根本歧見〉、〈清代義理學轉型與「漢宋之爭」〉，收於氏著：《清代新義理學 ── 傳統與現代的交會》（臺北：里仁書局，2003年），頁121-171；《清代的義理學轉型》（臺北：里仁書局，2006年），頁101-160。

4　如言：「訓詁，漢儒其詞約，其義古；宋人則辭費矣，文亦近鄙。」「漢有經師，宋無經師。漢儒淺而有本，宋儒深而無本；有師與無師之異：淺者勿輕疑，深者勿輕信，此後學之責。」參見氏著：〈訓詁〉、〈趨庭錄〉，《九曜齋筆記》（收於《叢書集成續編》，臺北：新文豐出版公司，1989年，第20冊，影印《聚學軒叢書》），卷2，頁627，646。

「經之義存乎訓，識字審音乃知其義，是故古訓不可改也，經師不可廢也。」[5]這不但揭示了透過識字審音以掌握經典義理的解經方法，且亦訂定了遵循古訓、經師（即漢儒經說）的原則，「漢學」之幟自此顯揚。此一治經範式至江藩（1761-1831）總結編纂了《國朝漢學師承記》（以下簡稱《漢學師承記》）一書，明確地勾勒出清初至乾嘉時期「漢學」的師承譜系，目的在於彰顯漢學在乾嘉時期的主流地位；此外，江藩更將密切聯繫考據工夫而確切地構築出立異於程朱理學思想體系的戴震亦納入「爲漢學者」的行列，顯見江藩乃有意識地將「漢學」的涵蓋領域擴張；至此，「漢學」一詞幾乎由最初清儒指稱的漢代學術變質爲乾嘉學術的代稱了。依此，從狹義的角度來說，「漢學」是指專究訓詁考據的方法論；若廣義的將「漢學」視爲乾嘉時代學術的實際疇域，那麼所謂的「漢學」當然不僅限於治學工夫而已，主導此一治學工夫的義理思想，應是更爲關鍵的部份，訓詁考據應只是工夫論中的一環。另一方面，清人不僅在「漢學」的概念上具有多層含義，對於「宋學」的理解，亦非單一的概念。漆永祥即曾指出清人所論「宋學」包括了宋代經學與宋明理學兩層含義[6]。余英時將「宋學」區分爲狹義及廣義：狹義的是指用儒「道」的形而上哲思來定義宋學；至於廣義的宋學，則涵括了宋代發端的「有體、有用、有文」的整體新儒學。[7]依此，考究清代的漢宋學問題，釐析清儒在論述語境

5 惠棟：〈九經古義述首〉，《松崖文鈔》（收於《叢書集成續編》，第191冊，影印《聚學軒叢書》），卷1，頁44。
6 漆永祥：《乾嘉考據學研究》（北京：中國社會科學出版社，1998年），頁24。
7 余英時：〈清代儒家智識主義的興起初論〉，收於氏著，程嫩生、羅群等

中的漢、宋學含義，以及由此思想體系所呈顯的經典詮釋，將有助於更清楚的理解清代義理思想的深刻內涵，本書的撰寫即是基於這樣的理念而作。

各章所論述的主軸，均以彰顯「乾嘉時期漢宋學內涵」爲論文的撰寫策略。嘗試擇取漢宋之爭中宋學代表 —— 方東樹，漢學代表 —— 焦循，漢宋兼采代表 —— 黃式三（1789-1862）等爲研究對象，論析其相關義理主張；尤其焦循、黃式三均有詮解《論語》之作，可作爲考察儒者在經典詮釋上態度變化的依據；並均以朱子《論語集注》作爲參照，以標揭漢宋學義理系統在經典詮釋上之不同。[8]在論述焦循及其《論語》詮釋、黃式三及其《論語》詮釋的過程中，部分引述內容略有重複之處，皆已盡可能刪除，然仍有爲了部分內容論敘通順、完整而予以保留。以下分述各章概要。

第一章〈方東樹反乾嘉漢學之探析〉。方東樹是清代批判乾嘉漢學的代表人物。歷來研究者大致有兩種意見：一則認爲方東樹對於漢學的批判出於盲目的成見，因此鮮有學術價值；另一則認爲方東樹《漢學商兌》指出了清代漢學家專主於名物訓詁之弊端，促使了漢學的獨佔優勢瓦解，開啓了後來學者如陳澧、曾國藩等人力主漢、宋兼采的治學立場，這是方東樹在清代學術史中應受重視的部分。本文則嘗試從儒家學者爭取道統傳承者的角度，指出方氏主要的目的在於扭轉當時鄙薄程朱的學術氛圍，並捍衛程朱之學做爲儒家正

譯：《人文與理性的中國》（臺北：聯經出版公司，2008年），頁155-198，引文見頁170-177。

8 張清泉《清代論語學》即是將清代的《論語》相關著作分類爲漢學派、宋學派、漢宋兼采派三類。參見氏著：《清代論語學》（臺中：逢甲大學中國文學系碩士論文，1991年）。

統傳承者的地位，因此，義理思想實爲方氏之主軸；至於對
漢學考據流弊的訾議，乃是針對乾嘉學者諸多攻擊的回應之
一。透過方東樹《漢學商兌》、《書林揚觶》、《攷槃集文
錄》等著作以分析其反乾嘉漢學之因及其內容，可看出方東
樹反乾嘉漢學的內涵，包括義理思想、工夫論等，這些實與
江藩《漢學師承記》中所主「純乎漢儒古訓」工夫論的「漢
學」有所差異。因此，若將江藩與方東樹之作視爲漢、宋學
之爭，恐陷於不同層次爭論的窘境。其次，方東樹在程朱思
想體系下肯定了考據工夫的價值，故而屢屢強調朱子治經、
訓詁等考究典籍以駁斥乾嘉學者的攻擊，造成程朱理學中分
殊之理的認識工夫被極度凸顯，但其工夫論中由分殊之理上
升至對先驗的「天理」（終極之理）的體認工夫卻退居次要，
如此一來，不僅無法彰顯宋學治學的特出之處，且亦無助於
宋學在道統地位的爭勝，這恐怕才是方氏在清代中葉的這場
漢、宋之爭中的困境。

　　第二章〈焦循對乾嘉漢學之評議〉。乾嘉學術是清代經
學發展的關鍵時期，乾嘉學者凸顯了以考據爲治學的實踐進
路，再加上往往標舉漢人經說爲規範，致使乾嘉學術被窄化
爲「考據學」、「乾嘉漢學」。對此，身處乾嘉時期的焦循
已察覺其偏失。本文探析乾嘉時期治經發展過程，首先說明
以惠棟、江藩爲代表所形成「漢學」治經規範的主要原則，
其次探究焦循在承繼且發展了戴震義理思想的基礎上所主張
的治經態度及方法，說明惠、江與戴、焦之差異。由此進一
步考察焦循對以惠、江治經規範所形成之「漢學」的評議：
一是指出從事名物訓詁拘執一時代、一家之說的流弊；一是
倡言主觀心知的思辨才是治經工夫中最爲重要的步驟。最後

藉由前述的基礎，說明焦循批判乾嘉漢學與方東樹所反乾嘉漢學，不論在動機、目的上均有所不同，並且亦呼應了前述研究中所論方東樹所反的漢學，實已涵括了乾嘉學術，非僅方法論而已。

　　第三章〈焦循的《論語》詮釋〉。清乾嘉時期的儒者透過重新梳理、詮解儒家經典文本的方式體現了一有別於程朱、陸王義理的思想典範。戴震的《孟子字義疏証》即是最顯明的代表；繼之而起的焦循作《孟子正義》，不但延續了戴氏的義理主張，同時有更進一步的張揚。此外，焦循又有《論語通釋》及《論語補疏》之作，實爲乾嘉義理思想中對於《論語》詮釋的重要詮釋典範。基本上，由「詮釋性的哲學著作」角度來理解焦循的《論語》詮釋著作，亦即透過經典文本的釋讀所彰顯的義理型態，乃本文所關注的焦點。首先，從乾嘉義理思想發展脈絡爲據，說明以戴震爲首所形成的義理型態，表現出在本體、心性、工夫論等主張均迥異於朱子學、陽明學所建構的典範，由此指出焦循立足於此思想基礎上所主張的治經態度與方法；其次，梳理焦循《論語》詮釋的內容及理路，並以朱熹的《論語集注》爲對照，彰顯其觀點差異；最後，藉由上述討論爲依據，指出焦循在乾嘉義理型態下所展現出另一有別於宋代儒者的經學研究思維。

　　第四章〈黃式三漢宋學觀之商兌〉。在乾嘉漢學與宋代程朱儒學本各有不同義理典範的基礎上，本文以黃式三爲例，考察清代學術史中述及漢、宋學之爭後繼起所謂「漢、宋兼采」的意涵。黃式三於思想上承襲以戴震爲首的乾嘉義理，然論治經則倡論漢、宋兼采，這是在「訓詁明而後義理明」的歸趨下肯定朱子訓解經籍的工夫，並將之納入漢學體

系中而論的；至於義理思想則自始至終仍是承戴震而與程朱立異。依此來看，黃式三主張的「漢、宋兼采」，實以乾嘉漢學為依歸，而非實際調和或泯除二者在義理、修養工夫的差異。

　　第五章〈黃式三《論語後案》詮釋〉。本文按上文關於黃式三漢宋學觀之基礎研究，進一步深入論究黃式三所倡議「漢、宋兼采」的主張落實於經典詮解的情形。基本上，黃氏於思想上承襲乾嘉義理，但卻不同於過去戴學一派的學者採嚴厲的抨擊程朱理學的態度，不僅沒有貶責之言，甚至存有包容、會通朱學之意，並認為漢、宋以至清代的學術乃是相接續而來，這是黃式三治經、解經主漢宋兼采的基礎。然而，這並不意味著黃式三接納程朱理學，更遑論實質地融合乾嘉義理、程朱理學二者思想。事實上，在《論語後案》詮釋內容中，如論仁、性、禮、一貫等論題，黃式三仍專主於乾嘉義理範式的釋讀，亦即其所言「擇是而存」的立場，且對於程朱理學亦擇取能與清代學風相應的部分進行重詮，在重詮的同時，寄寓了自身思想與理解的時代意義。

　　以上這五篇文章曾在不同的學術會議中宣讀，或已刊於學術期刊，試說明如下：

　　第一章〈方東樹反乾嘉漢學之探析〉，曾於 2008 年 3 月在銘傳大學應用中國文學系主辦的「中國文學『學理與運用』學術研討會」中宣讀，修訂稿收入會議論文集。按：本文所引據方東樹文集原為《儀衛軒文集》，然方氏現存文集有二：一為《儀衛軒文集》（清同治年間刻本，現存於中研院傅斯年圖書館），另一為《攷槃集文錄》（清光緒年間刻本，收於《續修四庫全書》集部別集類第 1497 冊）。張舜徽

（1911-1992）所撰《清人文集別錄》言：

> 二書卷數雖同，而收文多少不同。《文集》祇載文九
> 十九首（《外集》一卷不計），《文錄》載文至二百
> 三十九首。蓋《文錄》後出於《文集》者二十餘年，搜
> 求遺篇，有所增益。……蓋裒輯方氏論述者，要必以《文
> 錄》爲最備矣。[9]

按張舜徽所論，則方東樹《攷槃集文錄》所收錄之文含
括了《儀衞軒文集》之內容，是較爲完整的論著，故此次出
版悉改據《攷槃集文錄》中之文本以作爲方氏書信雜著之主
要參考文獻。

第二章〈焦循對乾嘉漢學之評議〉，曾於 2009 年 5 月在
中國經學研究會、輔仁大學中國文學系主辦的「第六屆中國
經學研究會全國學術研討會」中宣讀，並刊載於會議論文集。

第三章〈焦循的《論語》詮釋〉，曾於 2009 年 3 月在銘
傳大學應用中國文學系主辦的「中華文化的傳承與拓新 ——
經學的流衍與應用國際學術研討會」中宣讀，修訂稿收入會
議論文集。

第四章〈黃式三漢宋學觀之商兌〉，曾於 2009 年 10 月
在重慶，由山東孔子研究院、中國人民大學孔子研究院、重
慶信息技術職業學院主辦的「儒家文化與青年精神國際學術
研討會」中以〈宗漢與尊宋 —— 黃式三的漢、宋學觀〉爲題，
在會中宣讀；修定稿〈宗漢與尊宋 —— 黃式三之漢、宋學觀〉，
刊載於《東華中文學報》第 4 期（2011 年 12 月）。

第五章〈黃式三《論語後案》詮釋〉，曾於 2011 年 4

---

9 張舜徽：《清人文集別錄》（武漢：華中師範大學出版社，2004 年），
　卷 13，頁 331。

月在中國經學研究會、國立政治大學中國文學系主辦的「第七屆中國經學國際學術研討會」中以〈擇是而存 ── 黃式三《論語後案》漢、宋兼采辨〉爲題，在會中宣讀，修訂稿收入會議論文集。

　　以上五篇文章雖已發表，但其中亦存在一些疏誤，是以此次出版將部分行文字句略作更動，並修正其中的錯誤與缺漏，刪去某些內容重出的部分，希望能更精確地呈現出清代乾嘉學術發展中漢宋學思想內涵。

第一章 方東樹反乾嘉漢學之探析

一、前 言

　　方東樹（1772-1851）是清代批判乾嘉漢學的重要代表人物。其刊刻於道光年間的《漢學商兌》[1]，對於乾嘉時代（1736-1820）漢學家們的抨擊，以及宗主程朱理學的立場，被視爲清代漢、宋學之爭中的鮮明旗幟。對此，歷來研究者大致有兩種意見：一則認爲方東樹對於漢學的批判出於盲目的成見，加上私意的謾罵，因此鮮有學術價值；[2]另一則認爲

1　學者們對於《漢學商兌》的成書及刊刻時間見解略有不同。鄭福照以爲成於道光四年（1824）；梁啓超則認爲成於嘉慶年間；錢穆則認爲該書成於道光六年丙戌（1826）前，刊行於辛卯（1831）；朱維錚則依復旦大學圖書館藏道光辛卯冬季刊本中種種文字記載推測該書著成時間應早於錢氏所指的道光六年（1826）。參見鄭福照：《清方儀衛先生東樹年譜》（臺北：臺灣商務印書館，1978 年），頁 6；梁啓超：《清代學術概論》（臺北：臺灣商務印書館，1993 年臺二版），頁 112；錢穆：《中國近三百年學術史》（臺北：臺灣商務印書館，1995 年臺二版），頁 573-574。朱維錚：〈漢學與反漢學 —— 江藩的《漢學師承記》、《宋學淵源記》和方東樹的《漢學商兌》〉一文中註 12，收於氏著：《求索真文明 —— 晚清學術史論》（上海：上海古籍出版社，1996 年），頁 13-43。該文另見於江藩、方東樹：《漢學師承記（外二種）》（香港：三聯書店，1998 年）之〈導言〉；以及氏著：《中國經學史十講》（上海：復旦大學出版社，2002 年），頁 125-162。按：目前所見《漢學商兌》最早刻本爲道光辛卯冬（1831）之刊本。
2　學者論及方東樹以意氣排軋漢學者頗多，但另一方面往往亦肯定方氏頗具

《漢學商兌》指出了乾嘉漢學家專主於名物訓詁、群籍傳注的治學方式根本無益於時世，成爲在現實致用上的「至虛之學」，此一弊端的揭示促使了漢學的獨佔優勢逐漸瓦解，開啓了後來學者如陳澧（1810-1882）、曾國藩（1811-1872）、朱一新（1846-1894）等人力主漢、宋兼采的治學立場，這是方東樹在清代學術史中應受重視的部分。[3]

箴砭漢學之功。惟幾乎全面否定方氏者，如晚清皮錫瑞言：「方氏純以私意肆其謾罵，詆及黃震及顧炎武，名爲揚宋抑漢，實則歸心禪學，與其所著《書林揚觶》，皆陽儒陰釋，不可爲訓。」參見氏著：《經學歷史》（臺北：藝文印書館，1987 年二版），頁 345。朱維錚更批評方東樹作《漢學商兌》顯示其「跳踉叫囂，不知區分論敵主次，一味謾罵，可謂罕有學術價值。」參見氏著：〈漢學與反漢學 —— 江藩的《漢學師承記》、《宋學淵源記》和方東樹的《漢學商兌》〉，收於氏著：《求索真文明 —— 晚清學術史論》，頁 28。

3 相關說法如：（1）胡適認爲方東樹《漢學商兌》是對漢學家「一種比較有系統的駁論」。參見氏著：《戴東原的哲學》（臺北：臺灣商務印書館，1963 年），頁 174。（2）梁啓超讚方書是「清代一極有價值之書」，在漢學炙手可熱之時，「奮然與抗，亦一種革命事業也。」又言：「其針砭漢學家處，卻多切中其病，……後此治漢學者頗欲調和漢、宋，如……陳澧著《漢儒通義》，謂漢儒亦言理學，其《東塾讀書記》中有朱子一卷，謂朱子亦言考證，蓋頗發此書之反響云。」參見氏著：《清代學術概論》，頁 112-113。（3）錢穆亦指出方東樹「在漢學極盛之時，努力欲創一新趣，雖識解未深，魄力未宏，而頗有平坦淺易處，可以繩當時漢學病痛者。」參見氏著：《中國近三百年學術史》，頁 577。（4）張君勱也曾指出方東樹「大膽地對抗訓詁家」，「曾給考證學派致命的打擊。」參見氏著：《新儒家思想史（下）》（臺北：中國民主社會黨出版，1980 年），頁 302。（5）姜廣輝〈乾嘉漢學再評價 —— 兼評方東樹對漢學的回應〉一文中亦認爲方書「著實捅到漢學的痛處，使得漢學家的權威性大大打了折扣。」刊於《哲學研究》，1994 年第 12 期，頁 46-52，31。（6）李貴〈方東樹與十九世紀的漢學批評〉言方氏從經世的角度，批判了漢學的流弊，推動了十九世紀學風的轉移。刊於《史學集刊》，2002 年 7 月第 3 期，頁 23-27。（7）王汎森〈方東樹與漢學的衰退〉指出《漢學商兌》打破了漢學一元壟斷的局面，並企圖挽救知識與道德、知識與社會斷裂的危機，標誌著漢宋相融的新發展。收於氏著：《中國近代思想與學術的系譜》（臺

　　關於上述論點，若考察方氏《漢學商兌》、《書林揚觶》等著作，其中流於情緒性詆毀漢學的憤慨言辭確實俯拾即是，但一概抹殺其學術價值，似乎有失偏頗。至於後者說方東樹對考證訓詁的批判促使了後來學者有漢、宋調和的治學趨向，則是目前較為普遍、概括性的說法。然而，如果進一步分析方氏這些相關論述，卻不難發現，事實上方東樹反乾嘉漢學是從義理思想著眼，主要的目的在於扭轉當時鄙薄程朱的學術氛圍，尤其亟欲澄清乾嘉學者對宋學的攻訐，捍衛程朱之學做為傳統儒家正統道統傳承者的地位；至於對漢學考據流弊的訾議，乃是針對乾嘉學者諸多攻擊的回應之一，只是後來學者探究方氏學術時，大都聚焦在方氏的這些批駁，於是，這個訓詁考據的治學工夫被放大、突顯出來，幾乎被視為乾嘉學術的全部內涵，反而主導此一治學工夫的論據與義理基礎沒有得到應有的關注。在這個研究視野下，於是漢、宋學被簡化為專主考據與義理，其間的不同在於治學風格、途徑之差異[4]。故而當陳澧、曾國藩曲意綰合漢學家與

北：聯經出版公司，2003年），頁3-22。（8）潘振泰〈清代「漢宋之爭」的宋學觀點初探──以方東樹的《漢學商兌》為例〉認為「方東樹對於漢學家的批判，即已突顯了漢學家研究取徑的諸多理論罅隙」，且在義理學之上也維繫了宋學義理學在儒學內部的主導性地位。刊於《國立政治大學歷史學報》，第20期（2003年5月），頁213-235。（9）張淑紅〈《漢學商兌》與清中葉的漢、宋之爭〉表示方東樹《漢學商兌》是第一部系統批判漢學的著作，使當時學界對漢學進行反思，此後，漢、宋調和的趨勢更加明顯，陳澧、丁晏、朱一新等人力主治學漢、宋兼采，應是受方氏之影響。刊於《南開學報（哲學社會科學版）》，2004年第1期，頁37-45。
4　如周予同〈清朝漢學師承記序言〉中指出「漢學」以名物訓詁為研究對象，以考證為研究方法；「宋學」以心性理欲為研究對象，以思辯為研究方法。參見周予同選註：《清朝漢學師承記》（香港：商務印書館，1964年重印版），頁1-54。黃愛平〈《漢學師承記》與《漢學商兌》──兼論清代

朱子（1130-1200）在治學工夫上相近之處，言朱子「自讀注疏」、「重訓詁之學」[5]，又有「即物窮理」之旨即同於惠棟（1679-1758）、戴震（1724-1777）「實事求是」之說[6]，並提出問學應「漢學、宋學兩家皆可無疑矣」[7]、「義理考證合爲一」[8]、「一宗宋儒，不廢漢學」[9]等等主張時，這些缺乏從義理系統中細究漢、宋學之歧異，只掇拾部分詞語加以比附，便被稱之爲「漢宋調和」了。誠然，陳澧與曾國藩的言辭中，確實有不少是沿襲了方東樹之言，但這個單就治學工夫上弭平漢、宋的趨向，是否符合方氏反乾嘉漢學的初衷及理想，恐怕仍是值得再商榷、辨正的。

　　本文將依下列三點進行論述：首先，透過方東樹《漢學商兌》、《書林揚觶》、《儀衛軒文集》等著作以分析其反乾嘉漢學的原因。除已有學者指出方東樹所處時代正值漢學

中葉的漢宋之爭〉認爲漢、宋學的區別主要在研究對象、治學途徑與方法。漢學可用「我注六經」、宋學可用「六經注我」來概括。刊於《中國文化研究》，1996 年冬之卷（總第 14 期），頁 44-49。漆永祥認爲方東樹攻擊漢學後，「學界開始調和漢宋，考據與義理兼重。」參見氏著：《乾嘉考據學研究》（北京：中國社會科學出版社，1998 年），頁 229。方旭東〈詮釋過度與詮釋不足：重審中國經典解釋中的漢宋之爭〉中以兩種不同的詮釋路向來區別漢、宋學。刊於《中國哲學史》，2005 年第 2 期，頁 61-65。

5 陳澧：〈朱子〉，《東塾讀書記》（臺北：臺灣商務印書館，1975 年），卷 21，頁 253。

6 曾國藩：〈書學案小識後〉，《曾文正公（國藩）全集·文集》（臺北：文海出版社，1974 年），卷 1，總頁 12487。

7 陳澧：〈朱子〉，《東塾讀書記》，卷 21，頁 258。

8 陳澧：〈與徐子遠書二十一首〉，《東塾續集》（臺北：文海出版社，1971 年），卷 4，頁 175。

9 曾國藩：〈覆潁州府夏教授書〉，《曾文正公（國藩）全集·書札》，卷 20，總頁 14831。

衰退之際等外在環境因素外[10]，同時也不應忽略《漢學商兌》之作具有強烈的針對性，即江藩（1761-1831）的《國朝漢學師承記》（以下簡稱《漢學師承記》），且方氏論學態度與思想上宗主取向則是另一重要關鍵。其次，歸納方東樹反乾嘉漢學的內容，包括義理思想、工夫論、以及乾嘉學者個人的批評，這些內容牽涉到方氏對乾嘉漢學內涵的掌握問題，以及其辯駁是否真能呈顯宋學立場的判定。最後，藉由前述的基礎，嘗試考察方東樹在清代中葉的這場漢、宋之爭中所代表的意涵與困境。

二、方東樹反乾嘉漢學之原因

　　一般探究方東樹反乾嘉漢學的原因，總不免溯及其從師於姚鼐（1732-1815）、秉承桐城派尊宋抑漢的主張。只是，無論是桐城派的始祖方苞（1668-1749）或再傳弟子姚鼐，往往都以惡言詆咒那些立異於程朱之學的漢學家來表現其遵奉宋學的立場，如言「自陽明以來，凡極詆朱子者，多絕世不祀」[11]、「程朱猶吾父師也，……正之可也，正之而詆毀之

---

10 如漆永祥言：「方東樹對考據學派大舉攻擊之時，正是考據學由盛而衰的轉折時期，這門學科在當時已翻過了其最為興盛的一頁，走向了衰微。」參見氏著：《乾嘉考據學研究》，頁229。王汎森指出：方氏的時代正是漢學產生「典範危機」之時，更重要的是知識與現實、知識與人生的關係出現裂痕。又言：「在討論《漢學商兌》對學界的說服力時，必須注意到時代背景。事實上有許多人是因為拿它與時局相對照，才逐漸明白書中對漢學的反省與攻擊有其現實性。」參見氏著：〈方東樹與漢學的衰退〉，收於氏著：《中國近代思想與學術的系譜》，頁3，21。
11 方苞：「孔、孟以後，心與天地相似，而足稱斯言者，舍程、朱而誰與？若毀其道，是謂戕天地之心，其為天之所不祐決矣。故自陽明以來，凡

訕笑之，是詆訕父師也。且其人生平不能爲程朱之行，而其意乃欲與程朱爭名，安得不爲天之所惡？故毛大可、李剛主、程綿莊、戴東原，率皆身滅嗣絕，此殆未可以爲偶然也。」[12]這些辱及人身的攻擊言論，純粹屬於肆意情緒的抒發，本對於漢、宋學術內容的衡定無任何助益，當然亦不能做爲論斷程朱之學與戴震等人學術優劣的依據，實可不必再議；然而，在方東樹的論述中卻仍舊出現了同樣的言詞：

> 方望溪侍郎又謂人之詆朱子者，必受冥譴，多絕嗣。夫是非得失，天下萬世之公，鄭、朱有知，必以後人補正其闕爲幸云云。余按此說甚正，然亦須分別詳之，如意在補正，縱不得是，亦爲公心；若如焦竑、楊慎、毛奇齡及近世戴震、汪中等之詆朱子詖邪誣肆，將害及學術人心世道，亦可幸乎？鄭、朱固齡無地下修怨降神報復妖妄之異，但義理公心所不許者，即天地神祇昭布森列，宜亦有懲譴之理。[13]

這段對漢學諸家的攻擊，顯然與方苞、姚鼐之意如出一轍。或許，正由於在方東樹的論述中不乏這類的謾罵，除上述的身滅嗣絕等近於詖詛之言外[14]，又屢屢以「邪說」來否

極詆朱子者，多絕世不祀。」參見氏著：〈與李剛主書〉，《方望溪全集》（江蘇：中國書店出版，1966年），卷6，頁69。

12 姚鼐：〈再覆簡齋書〉，《惜抱軒全集·文六》（臺北：中華書局，1966年），頁15a-15b。

13 方東樹：〈箸書傷物〉，《書林揚觶》，第8，收於嚴靈峰編：《書目類編》（臺北：成文出版社，1978年），第92冊，總頁41415-41416。

14 如方東樹對於錢大昕推崇顧炎武、閻若璩、臧琳等人「得義理之真」，

定漢學家的言論[15]，當他嘲諷毛奇齡（1623-1716）、戴震、紀昀（1724-1805）等人譏詆朱子，乃「負恃才氣，逞肊任情，呵斥詬詈，有市井攘袂之態」[16]時，所謂「市井攘袂之態」不但無法使人連結戴、紀的學術風貌，反而令人感覺似乎是在描述自身與桐城派諸人的形象；在此情形下，方氏的學術往往容易被評價為盲目的意氣之見，並將其論述皆歸為誣讕之言，如此必然削弱了方東樹在清代的漢、宋之爭中的學術意義。

如果剔除方東樹所沿襲桐城派的謾罵之習，從其自述論學的態度來看，可知他對於當時學術風氣的改革，有著強烈的自我期許，言：

> 愚無所知，而於論學論文，好刻酷求真，語無隱膚。偶出示人，皆嫌憎之，以為不當詆訐前賢。或又以為詞氣激直，不能淵雅，失儒者氣象。是皆藥石矣。然思惟求保一己美善之名，而無公天下開來學之切意，含糊顢頇，使至理不明，歷視孔、孟、程、朱之言無是也，韓、歐、蘇、黃之言無是也。君子取人貴恕，及論學術，則不得不嚴。大聲疾呼，人猶不應，況於騎牆兩可，輕行浮彈以掣鯨魚，褒衣博帶以赴敵場，

批評曰「恐五百生墮野狐身耳！」參見方東樹：《漢學商兌》，卷中之下，收於江藩、方東樹：《漢學師承記（外二種）》，總頁372。

15 如方東樹言：「漢學諸人力詆程朱其言心言理墮禪……皆所謂邪說也。」「凡訾朱子者，皆出於妒惑詖邪無知而狂暴也。」參見氏著：〈箸書傷物〉，《書林揚觶》，第8，總頁41420，41426。另相近的言論於《漢學商兌》中更是隨處可見。

16 方東樹：〈箸書傷物〉，《書林揚觶》，第8，總頁1416。

菖陽甘草以救沈寒火熱之疾乎？[17]

　　方東樹爲了要使自己的學術主張在龐大漢學勢力中得到較多關注和認同，甚至必須能「公天下、開來學」，故而採取詆訐前賢、有失儒者淵雅風範的方式做爲途徑；所謂「大聲疾呼，人猶不應」，一方面透露使用激切言詞的目的是爲了引起回應，另一方面也顯示出即使當時位居學術主流的漢學已有鬆動的傾向，但欲撼動它，恐怕仍是艱鉅的任務。當然，方東樹反乾嘉漢學必須歸因於力主宋學，標榜朱子的立場；而直接引發其撰寫《漢學商兌》以攻擊漢學，則是針對江藩的《漢學師承記》。

（一）獨契朱子「繼鄒魯而明道統」

　　方東樹生平讀書論學獨宗朱子之言，早已於後人所作《年譜》、《文集》序文中指出[18]，且現代學者亦已論及。本文則是試圖在這個論點上，進一步透過方氏尊朱的論述，董理出其推崇朱學的實質內容，如此或能更清楚方氏何以如此反乾嘉漢學，以及反乾嘉漢學的目的。

　　首先，方東樹極力推崇朱子的學術成就堪爲後世學者的

---

17 方東樹著，汪紹楹點校：〈通論五古〉，《昭味詹言》（北京：人民文學出版社，2006 年五刷），卷 1，第 156 條，頁 50。

18 鄭福照言方東樹「生平論學宗朱子」。參見氏著：《清方儀衛先生東樹年譜》，頁 1。蘇惇元作〈儀衛方先生傳〉，言方東樹「自少力學，泛覽經史諸子百家書，而獨契朱子之言。」參見方東樹：《攷槃集文錄》《續修四庫全書》集部別集類，第 1497 冊（上海：上海古籍出版社，1995 年影印道光 13 年管氏刻本）卷首，頁 222 上。案：該文另見於《儀衛軒文集》（清同治年間刊本，中央研究院歷史語言研究所傅斯年圖書館藏），頁 1。

典範，其言：

> 自左邱明、公羊、荀卿以來……往往臆託為孔氏之言，
> 是非混淆，多虛妄不實，則賴有宋大儒程、朱、五子者，
> 明道立教，使後世有所折衷師仰，以為斗極。[19]

> 白鹿洞經朱子設教，其地其精神所萃，千古猶留，登
> 其堂而思其教，誠問學之津梁，入聖之階梯也。……
> 慨然想見朱子當日所以集群儒之大成，使斯道昭明，
> 如日中天，其遺文教澤，一字一言，皆如布帛菽粟，
> 後之人日游其天而不能盡察也。[20]每思窮居約處，無
> 補於世，必欲興起人心風俗，莫如講崇朱子之學為切。

在方東樹的眼中，朱子是一切學術「折衷師仰」的標準；
再看：

> 漢、唐以來儒者說道理亦頗有見地，確實足以發明微
> 言至道，但擇焉不精，語焉不詳，或偏而不全，醇疵
> 相糅，至關鍵緊要處多說得寬緩不分明，由其見處不
> 徹，根本工夫未豁。獨至宋代程子、朱子出，然後孔
> 氏述業浸以光顯，五經、《語》、《孟》所載宏綱大
> 用，奧義微辭發揮底蘊，始終有序，進則陳之君之，
> 退則語于公卿或酬酢朋游，或講之及門，其箸述所傳
> 精深高遠，斯文不墜，後學有宗，所以繼鄒魯而明道

---

19 方東樹：〈合葬非古說〉，《攷槃集文錄》，卷2，頁280上。
20 方東樹：〈重刻白鹿洞書院學規序〉，《攷槃集文錄》，卷3，頁288上。

統也。[21]

盧文靖曰：「今人但見宋儒六經，而不知宋儒以前六
經」。按自此等說既開後來至楊慎等其說益肆，若近
世漢學諸人則更成橫流矣。吾則謂諸人只見漢、唐注
疏六經，不見孔子六經。孔子六經非宋儒，其誰昭之？
聖人復起，不易吾言矣[22]

竊以孔子沒後，千五百餘歲，經義學脈，至宋儒講辨，
始得聖人之真。平心而論，程、朱數子廓清之功，實
爲晚周以來一大治。[23]

　　這幾段讚揚程朱的論述中，均有一共同主旨，即強調朱
子顯揚孔孟之學，是儒家的道統嫡傳，也就是所謂的「繼鄒
魯而明道統」之意。方東樹之所以再三突顯朱子的道統地位，
實與乾嘉儒者欲取代宋學以成爲自堯舜至孔孟的正統繼承者
之意圖有關。大致來說，乾嘉學者批評程朱理學的情形十分
普遍，尤其自戴震「以理殺人」之說[24]後，焦循（1763-1820）
繼而痛陳以「理」相爭之害[25]，凌廷堪（1755-1809）倡議「聖

---

21 方東樹：〈箸書傷物〉，《書林揚觶》，第 8，總頁 41422-41423。
22 方東樹：〈箸書說經〉，《書林揚觶》，第 11，總頁 41460。
23 方東樹：〈漢學商兌序例〉，《漢學商兌》，總頁 236。
24 戴震〈與某書〉：「後儒不知情之至於纖微無憾，是謂理。而其所謂理
　　者，同於酷吏之所謂法。酷吏以法殺人，後儒以理殺人，浸浸乎舍法而
　　論理死矣，更無可救矣！」參見氏著：《戴震集・文集》（臺北：里仁
　　書局，1980 年），卷 9，頁 188。按：有關戴震論「理」之思想，請參
　　《戴震集・孟子字義疏證》一書。
25 焦循〈理說〉：「理足以啓爭，而禮足以止爭也。明呂坤有《語錄》一

人不求理而求諸禮」[26]等等，姑且不論清儒的詆斥是否只是個人曲解，亦或真能切中程朱理學之流弊，在此要說明的是，這股從義理思想上否定程朱在儒家傳承正統性的學術氛圍，確實已然成形；不僅如此，乾嘉學者們更企望能跨越宋明儒者且上承孟子，如戴震自述作《孟子字義疏證》之因乃在於效法孟子闢楊、墨的精神以駁摻雜了釋、老的宋儒之學，欲還原儒家原始面貌[27]，其弟子段玉裁（1735-1815）更直言：「師之隱然以道自任，上接孟子之意可見矣。」[28]焦循作《孟子正義》廣納漢、唐人注疏，並大量徵引《孟子字義疏證》，而獨缺朱子的《孟子集注》，又言「宋之義理仍當以孔之義理衡之，未容以宋之義理，即定為孔子之義理也。」[29]這些均可看出其為自己的義理思想爭取地位的企圖。方東樹對於這樣的情勢，顯然有深刻的感受，其言：

> 自是以來，漢學大盛，新編林立，聲氣扇和，專與宋儒為水火。……棄本貴末，違戾詆誣，於聖人躬行求

書，論理曰：『天地間惟理與勢最尊……』此真邪說也。」又〈群經補疏自序·毛詩鄭箋〉：「自理、道之說起，人各挾其是非，以逞其血氣。激濁揚清，本非謬戾，而言不本於性情，則聽者厭倦，至於傾軋之不已，而忿毒相尋，……害及其身，禍於其國，全戾乎所以事君父之道。」參見氏著：《雕菰集》（臺北：鼎文書局，1977年），卷10，頁151；卷16，頁272。

26 凌廷堪〈復禮下〉：「聖人之道，至平且易也。《論語》記孔子之言備矣，但恆言禮，未嘗一言及理也。……聖人不求諸理而求諸禮，蓋求諸理必至於師心，求諸禮始可以復性也。」參見氏著，王文錦點校：《校禮堂文集》（北京：中華書局，1998年），卷4，頁31-32。

27 戴震：〈孟子字義疏證序〉，《戴震集·孟子字義疏證》，頁264。

28 段玉裁：〈荅程易田丈書〉，《經韻樓集》，收於《段玉裁遺書》（臺北：大化書局，1986年），卷7，總頁1004。

29 焦循：〈寄朱休承學士書〉，《雕菰集》，卷13，頁203。

仁，修齊治平之教，一切抹摋。名為治經，實足亂經；名為衛道，實則畔道。[30]

今漢學諸公，口言誦法孔氏，而痛斥義理，羞談程朱，全以勝心、我相說經，欺誣後生，蕩滅本義，不過欲反程朱而已。……數十年來，此風遍蒸海內，如狂飆蕩洪河，不復可望其澄鑑。在上者，其勢位既足以軒輊一世，風會所尚，一時高才敏疾之士，又群趨附之。平居談論，若不畔程、朱，即非學，言有偶及之者，輒羞惡若將浼焉。[31]

周固天下之共主也。及至末孫王赧，不幸貧弱負責，……當是時，士庶人十金之產者，因自豪，遂欲以問周京之鼎。是以罪之也。十金之產，非不有挾也，其罪在於問鼎。後世之學者，不幸不見天地之純，古今之大全，賴程朱出而明之。乃復以其謏聞駁辨，出死力以詆而毀訾之，是何異匹夫負十金之產，而欲問周鼎者也。[32]

　　引文中言漢學如「狂飆蕩洪河」、「新編林立」、「聲氣扇合」……等等，即充分表露了當時流行的盛況，確實已改變了宋代儒學享有傳承孔孟的必然優勢；而文中批評漢學家之罪「在於問鼎」、「畔道」，也顯示出戴震等人挑戰程

30 方東樹：〈漢學商兌序例〉，《漢學商兌》，總頁 235。
31 方東樹：《漢學商兌》，卷下，總頁 401-402。
32 方東樹：〈漢學商兌重序〉，《漢學商兌》，總頁 411-412。

朱之學正是引起方氏憤懣不安的主因。

是故，方東樹極力辯駁所有非議朱子的言論，表達強烈捍衛朱子道統地位的職志。例如對於紀昀推衍明代人董復亨（約 1607 年前後在世）批評朱子之言，方東樹不但逐一反駁，且聲明：

> 按董復亨以淺鄙之見窺測君子，創為邪說，視朱子心術兒戲，如市井鄙夫；紀氏（案：紀昀）又推衍之如此，其流害人心匪細，……凡論朱子者，此等疑似隱微事案凡數百十家，數十百處，見非止關礙朱子，要是關來今無窮人心，學術邪正是非義理之辨，至切至重，余故不惜犯舉世之罪而力辨之。後之君子，凡見此等，不得放過，須與推勘考實到底，使是非明白，即所以明道、息邪說、正人心，非私朱子也。[33]

又：

> 余生平觀書，不喜異說，少時亦嘗泛濫百家，惟于朱子之言有獨契覺其言，言當于人心，無毫髮不合，直與孔、曾、思、孟無二；以觀他家，則皆不能無疑滯焉。故見後人箸書，凡與朱子為難者，輒恚恨以為人性何以若是其弊也。故凡今之所辨，惟在毒螫朱子，悖理義誤學術者。至制度名物之異同是非，自漢唐傳

---

33 方東樹：〈箸書傷物〉，《書林揚觶》，第 8，總頁 41427-41429。

> 注義疏所不能一，無關宏旨，不強論焉。[34]

> 吾平生於世之毀程朱者，輒斷斷爭之而不敢避，誠有
> 懼乎其害之大也。[35]

　　所謂「不惜犯舉世之罪而力辭之」、「斷斷爭之而不敢避」，即是方東樹對思想立意異於朱學的態度，這也正呼應了前文曾述及方氏自覺其論學「詞氣激直，不能淵雅」，顯然是一致的。依此來看，方氏悲恨的是悖於程朱理學的義理主張，關注的是危及朱子道統地位的學說盛行，這才是他汲汲雄辯的主旨，同時也是撰寫《漢學商兌》一書的立場，引文中言：「至制度名物之異同是非，自漢唐傳注義疏所不能一，無關宏旨，不強論焉。」實已說明，義理思想體系下的訓詁考據工夫，並非方東樹最措意的重點。

（二）反對《漢學師承記》門戶之見

　　如果說方東樹推尊朱子是其反乾嘉漢學的主因，那麼，直接驅使其寫作反漢學代表作 ──《漢學商兌》的動力，則是於嘉慶 23 年（1818）所刊刻江藩《漢學師承記》中區分漢、宋學的門戶之見。

　　清儒以「漢學」概括自己的學術，並以此與「宋學」相對，始於惠棟（1697-1758）[36]。惠棟嚴判漢、宋之別，主要是從治經方法立論：重視師承家法、標榜以漢儒的訓詁之學

34　方東樹：〈序纂・漢學商兌序略〉，《書林揚觶》，第 16，總頁 41513。
35　方東樹：〈合葬非古說〉，《攷槃集文錄》，卷 2，頁 280 下。
36　參見錢穆：《中國近三百年學術史》，頁 351-355。

通經求道，此一論學門徑及觀念，逐漸蔚爲一代治學規範[37]，成爲乾嘉儒學的治學特色；「漢學」一詞遂由講究問學工夫的觀念漸擴展爲代表此一主流學術的重要名稱。依此，從狹義的角度來說，「漢學」是指專究訓詁考據的方法論；若廣義的將「漢學」視爲乾嘉時代學術的實際疇域，那麼，所謂的「漢學」當然不僅限於治學工夫而已，主導此一治學工夫的義理思想，應是更爲關鍵的部份，這是較接近於現代學者對「漢學」的理解，如現代學者都應認同戴震以臚列論述思想術語的形式作《孟子字義疏證》，其發揮義理思想的重要性絕對遠大於訓詁工夫的問題。

江藩爲惠棟再傳弟子，被譽爲「紅豆門生第一人」[38]，傳承了惠棟區別門戶、揚漢抑宋的治學主張，其編纂《漢學師承記》、《國朝經師經義目錄》（以下簡稱《經師經義目錄》）的目的，即在於彰顯漢學，貶抑宋學，並確立漢學的學術統系與地位。他批評宋學：

> 宋初，承唐之弊，而邪說詭言，亂經非聖，殆有甚焉。如歐陽修之《詩》，孫明復之《春秋》，王安石之「新義」，是已。至於濂、洛、關、閩之學，不究禮樂之源，獨標性命之旨。義疏諸書，束置高閣，視如糟粕，棄等弁髦。蓋率履則有餘，考鏡則不足也。元、明之

<hr>

37 關於惠棟治經觀點的相關論述，參見張素卿：〈「經之義存乎訓」的解釋觀念 —— 惠棟經學管窺〉，收於林慶彰、張壽安主編：《乾嘉學者的義理學》（臺北：中央研究院中國文哲研究所，2003年），總頁281-318。

38 汪喜孫：〈五哀詩·江鄭堂先生〉，《抱璞齋詩集》，收於楊晉龍主編：《汪喜孫著作集》（臺北：中央研究院中國文哲研究所，2003年），上冊，卷5，總頁359。

> 際，以制義取士，古學幾絕。而有明三百年，四方秀
> 艾困於帖括，以講章爲經學，以類書爲博聞，長夜悠
> 悠，視天夢夢，可悲也夫！[39]

　　上述引文是江藩對宋明經學的評價，其全面否定的態度
是十分明顯的。這對於力崇宋學的方東樹而言，自然是無法
容忍。[40]

　　值得注意的是，江藩所揭櫫的「漢學」，仍直承惠棟的
觀點，同樣是著眼於治經工夫，如自述其纂《漢學師承記》
乃是鑒於「象數制度之原」、「聲音訓詁之學」毀於東西晉
之清談、南北宋之道學，且於元、明兩朝時更加晦暗，幸「至
本朝，三惠之學，盛於吳中；江永、戴震諸君，繼起於歙。
從此漢學昌明，千載沉霾，一朝復旦」，因此「暇日詮次本
朝諸儒爲漢學者，成《漢學師承記》一編，以備國史之採擇。」
[41]又推崇惠棟所撰《周易述》是「專宗虞仲翔，參以荀、證

---

39 江藩：《漢學師承記》，卷1，總頁6。
40 關於《漢學師承記》的漢、宋門戶問題，除江藩全面否定宋代經學之外，
　　另也通過史料的編纂來彰顯其主張。如選擇有利漢學之材料，刪創對宋
　　學有利之材料；不爲宋學人物立傳；甚至歪曲史料來抬高漢學。相關討
　　論請參漆永祥：《江藩與《漢學師承記》研究》（上海：上海古籍出版
　　社，2006年），頁370-381。
41 江藩：《漢學師承記》，收於江藩、方東樹：《漢學師承記（外二種）》，
　　卷1，總頁8。關於江藩編寫《漢學師承記》的動機，汪喜孫爲此書作跋
　　語中即指出江藩意在區別漢、宋門戶，辨正汪琬、方苞、毛奇齡等「矯
　　誣之學」，參見江藩：《漢學師承記》後附汪喜孫跋語，總頁160；後
　　世學者朱維錚則以爲江藩如此強調清學史的漢、宋分野，可能是針對阮
　　元纂修《國史儒林傳》中調和漢、宋之學所故作之違言，參見江藩：《漢
　　學師承記》之〈導言〉，頁6-7；漆永祥指出江藩編纂《漢學師承記》的
　　目的，就是爲了彰顯漢學，打擊宋學，以確立漢學的學術系統與地位，
　　參見氏著：《江藩與《漢學師承記》研究》（上海：上海古籍出版社，

諸家之義」，於是「漢學之絕者千有五百餘年，至是而粲然復章矣。」[42]而江藩子嗣江懋鈞（1788-1851）於《經師經義目錄》跋語中言江藩著錄書籍的原則為：「言不關乎經義小學，意不純乎漢儒古訓者，不著錄。」[43]足見，這裡所謂的「漢學」，即是訓詁考據的工夫，且必須是逐承「漢儒古訓」。當然，江藩這種「純乎漢儒古訓」的「漢學」標準被擴大以概括乾嘉儒學，引起了許多反對意見，如焦循認為不應以「考據」一詞言治經[44]，更對「惟漢是求」的問學態度不以為然，言：

> 漢之去孔子，幾何歲矣。漢之去今，又幾何歲矣。學者，學孔子者也，學漢人之學者，以漢人能述孔子也，乃舍孔子而述漢儒，漢儒之學，果即孔子否邪？……學者述孔子而持漢人之言，惟漢是求，而不求其是，於是拘於傳注，往往扞格於經文，是所述者漢儒也，非孔子也；而究之漢人之言，亦晦而不能明，則亦第持其言，而未通其義也。[45]

凌廷堪亦言：

2006 年），頁 370；戚學民認為江藩的目的乃在於「備國史之採擇」及「以漢學為儒學正宗」，參見氏著：〈儒林列傳與漢學師承 ——《漢學師承記》的修撰及漢宋之爭〉，收於桑兵、關曉虹主編：《先因後創與不破不立：近代中國學術流派研究》（北京：生活‧讀書‧新知三聯書店，2007 年），頁 43-74。
42 江藩：〈惠周惕〉，《漢學師承記》，卷 2，總頁 30。
43 江藩：〈國朝經師經義目錄〉，收於《漢學師承記》附錄，總頁 178。
44 焦循：〈與孫淵如觀察論考據著作書〉、〈與劉端臨教諭書〉，《雕菰集》，卷 13，頁 212-215。詳論請參本書第二章。
45 焦循：〈述難四〉，《雕菰集》，卷 7，頁 104-105。

> 宋以前學術屢變，非漢學一語遂可盡其源流。即如今
> 所存之《十三經注疏》，亦不皆漢學也。[46]

　　焦循、凌廷堪二人雖均持反宋學立場，但卻也不同意以
「漢學」來概括自己的學術，主要的原因，即在於這個「漢
學」的界定過於狹隘。因此，即有學者指出，依「惟漢是求」
的觀點來說，真正能夠以「漢學」自標榜者，只有惠棟、江
聲（1721-1799）、余蕭客（1729-1777）、錢大昕（1728-1804）、
王鳴盛（1722-1797）等吳派學者而已。[47]除焦、凌的反對意
見外，更爲著名的是龔自珍（1792-1841）對於江藩書稱《漢
學師承記》名目提出了「十不安」，直指名爲「漢學」之不
妥，其中有言：「本朝自有學，非漢學。有漢人稍開門徑，
而近加邃密者，有漢人未開之門徑，謂之漢學，不甚甘心。」
「若以漢與宋爲對峙，尤非大方之言，漢人何嘗不談性道？」
「宋人何嘗不談名物訓詁？」[48]這些批評，一方面表達對標
舉「漢學」的不滿；另一方面也點出了江氏的門戶之見。只
是，江藩纂述《漢學師承記》的目的本在於區別漢、宋之學，
自然也就沒有採納龔自珍的改名「經學師承記」建議了。
　　《漢學師承記》的立場與擇取標準，在同屬反程朱理學

---

46 凌廷堪：〈與胡敬仲書〉，《校禮堂文集》，卷 23，頁 204。
47 姜廣輝：〈乾嘉漢學再評價 —— 兼評方東樹對漢學的回應〉，《哲學研
　　究》，1994 年第 12 期，頁 46-52、31。按章太炎將乾嘉漢學分成吳派與
　　皖派：吳派以惠棟爲首，皖派以戴震爲首。參見章太炎：〈清儒〉，《檢
　　論》（臺北：廣文書局，1977 年），卷 4，頁 22-29。
48 龔自珍：〈附江子屏牋〉，《龔定庵全集類編》（臺北：世界書局，1960
　　年），卷 7，頁 211-212。

陣營中即已出現許多反對聲音，更遑論堅守宋學立場的方東樹，其《漢學商兌》正是針對《漢學師承記》而作，言：

> 以六經為宗，以章句為本，以訓詁為主，以博辨為門，以同異為攻，不概於道，不協於理，不顧其所安，騖名干澤，若飄風之還而不儦，亦闢乎佛，亦攻乎陸王，而尤異端寇讎乎程朱，今時之敝蓋有在於是者，名曰「攷證漢學」。[49]

> 近世有為漢學考證者，著書以闢宋儒、攻朱子為本，首以言心、言性、言理為厲禁。[50]

> 逮於近世，為漢學者，其蔽益甚，其識益陋。其所挾，惟取漢儒破碎穿鑿謬說，揚其波而汩其流，抵掌攘袂，明目張膽，惟以詆宋儒、攻朱子為急務。[51]

　　方東樹將考證與漢學結合起來，稱之為「考證漢學」或「漢學考證」，顯示其已掌握了江藩所欲表彰的「漢學」內涵；在方氏看來，更重要的是這些「漢學考證」者在「漢儒破碎穿鑿謬說」的基礎上譏彈宋儒、詆毀朱子，強勢的門戶之見直接重挫了宋學的正統地位，這是方東樹所亟欲譊譊爭之的。因此，如上節所述，方氏於〈漢學商兌序略〉中雖已強調撰寫《漢學商兌》是以維繫朱學義理為主軸，而訓詁考

49　方東樹：〈辨道論〉，《攷槃集文錄》，卷1，頁225下。
50　方東樹：〈漢學商兌序略〉，《漢學商兌》，總頁235。
51　方東樹：〈漢學商兌重序〉，《漢學商兌》，總頁410。

據則「不強論焉」；然而爲了攻駁「純乎漢儒古訓」的《漢學師承記》，使得方氏在《漢學商兌》中確實用了不少篇幅來討論訓詁考據的弊病。這或許就是後世學者在論究《漢學商兌》時，往往將「批判訓詁考據」視之爲方氏反乾嘉漢學重心之故。

三、方東樹對乾嘉漢學之攻駁

方東樹對乾嘉漢學的攻駁內容可粗分爲二：一是反駁漢學家論程朱理學在本體論[52]上的疏誤，爲程朱義理思想辯護；另一則是以攻擊江藩爲主軸，包括《漢學師承記》所突顯的訓詁考據方法，以及批評《經師經義目錄》中選錄的漢學家及著作，並總結漢學家之弊。二者均集中於《漢學商兌》一書，亦散見於《書林揚觶》中。

（一）反駁漢學家攻擊宋學

如上節所述，方東樹最在意的是宋學在儒學發展史上的傳承地位，故而在《漢學商兌》首卷便針對清儒論「道學」

---

52 本文所說的「本體」或「本體論」，其概念並不能完全等同於西方哲學中的「本體」（substance）或「本體論」（ontology）。一般來說，西方哲學的「本體論」指的是與經驗世界分離或先於經驗而獨立存在的原理系統；但「中國哲學並沒有所謂經驗世界之外還存在著一個相對獨立的邏輯世界的觀點」。即使如強調「理」的超越性而受乾嘉學者抨擊的朱子，仍言「理」、「氣」的關係是「不離不雜」的。因此，本文所說的「本體」，指的是與一般事物在本末、源流、根枝上的差異。參見曾振宇：《中國氣論哲學研究》（濟南：山東大學出版社，2001 年），〈第一章　本原與本體範疇適用於中國哲學如何可能〉，頁 22；俞孟宣：《本體論研究》（上海：上海人民出版社，1999 年），頁 73-134；張岱年：《中國哲學大綱》（北京：中國社會科學出版社，1994 年三刷），頁 6-16。

非孔門聖學之見提出辯正，其次是駁斥乾嘉學者對程朱義理思想的攻訐。書中所列舉批評的乾嘉學者中，以阮元出現次數最多，其次是戴震。朱維錚先生曾指出，方東樹書集中攻擊阮、戴，有其私人恩怨的情緒摻雜[53]，此說法在方氏傳記資料中固然有跡可循；但若嘗試從方氏力駁清儒對程朱理學攻訐的意圖來看，則條列論述思想術語而作《孟子字義疏正》的戴震及作〈論語論仁論〉、〈性命古訓〉的阮元，似乎也是必然的人選。

　　乾嘉學者之所以批評宋學，且對於典籍詮解提出不同於程朱的主張，並不能單純地以「反理學」一語概括，因為這些批評或主張的背後，有著與程朱之學不同的論據與思路，所牽涉的是在「理」、「氣」、「道」、「器」、「欲」、「情」等思想本質的差異，此一本質的差異在戴震、阮元、焦循等人的義理思想中呈現出來，雖在論述內容上容或有粗疏、縝密之別，呈顯的方式亦略有異，甚或未有完整體系之建構，但基本傾向卻有相當的一致性：即以「氣」為根源的思考進路。[54]大體來說，所謂的以「氣」為根源的思考進路，

---

53 朱維錚：〈漢學與反漢學 —— 江藩的《漢學師承記》、《宋學淵源記》和方東樹的《漢學商兌》〉，收於氏著：《求索真文明 —— 晚清學術史論》，頁 14-15。

54 關於以氣為思想根源的研究及論述，可參見劉又銘：〈宋明清氣本論研究的若干問題〉，「儒學的氣論與工夫論」國際學術研討會論文（臺北：臺灣大學東亞文明研究中心，2004 年 11 月）；《理在氣中 —— 羅欽順、王廷相、顧炎武、戴震氣本論研究》（臺北：五南圖書出版公司，2000年）。楊儒賓：〈兩種氣學，兩種儒學〉，《臺灣東亞文明研究學刊》，第 3 卷 2 期（2006 年 12 月），頁 1-39；〈檢證氣學 —— 理學史脈絡下的觀點〉，《漢學研究》，第 25 卷 1 期（2007 年 6 月），頁 247-281。案：本文所論以氣為根源之思想，係近於劉又銘所論「自然氣本論」、「本色派氣本論」，楊儒賓所論「後天型氣學」。這一體系派別自明代

指的是以「氣」作爲萬物生成變化的基礎，「氣」即是最終極的本源，在氣化流行之上並沒有如宋代理學家所說超越現象界、經驗界的絕對至善、完美狀態的「理」或「道」，只有「氣中之理」、「氣中之道」。在此理路下的人性論，最明顯的特徵即在於肯定了稟受氣化流行所生的人性中欲與情的存在價值，以及血氣心知的思辨、擇取義理之能，能通達天下人之情遂天下人之欲，使之無所差繆、不爽失，即是人性之善；而見諸於修養工夫的論述，自然強調經由經驗世界中人事物的客觀考察認知以釐析出義理的重要性，影響所至，便是表現出對經典及文獻史料的重視與依賴，要求由文字訓詁以明理義的問學工夫。這與宋代儒者講求自我體證、去人欲、回復人性初始狀態的修養工夫有著顯著的不同。

依此，戴震、焦循批評程朱之學言心言性言理「探之茫茫，索之冥冥，不如反而求之六經」、「以理殺人」、「如風如影」[55]，在工夫論中講求向內體證、主靜的修養方式則將之視爲空疏、歸諸異端、禪學[56]等，這都是建立在其否定任何超越、先驗性質理論存在的觀點下所提出的。方東樹反駁言：

> 戴氏宗旨，力禁言「理」。而所以反求之六經者，僅在於形聲、訓詁、名物、制度之末。……考戴氏嘗言：「吾自十七歲時，有志聞道，謂非求之六經、孔孟不

中葉建立較完備之思想論述，至清代以戴震、阮元、焦循爲代表。
55 方東樹：《漢學商兌》，卷中之上引戴震、焦循語，總頁 274、277、278。
56 方東樹：《漢學商兌》，卷上引錢大昕語、卷中之上引汪中語，總頁 259、288。

得，非從事字義、名物、制度，無由通其語言」文字
云云。若是，則與程朱固為一家之學矣，茲何又以之
為譏邪？蓋由其私心本志，憎忌程朱，堅欲與之立
異，故力闢求理之學。大本一失，無往不差。[57]

程朱以己之意見不出於私，乃為合乎「天理」，其義
至精、至正、至明！何謂「以意見殺人」？如戴氏所
申，當體民之情，遂民之欲，則彼民之情，彼民之欲，
非彼民之意見乎？夫以在我之意見，不出於私，合乎
天理者，不可信；而信彼民之情、之欲，當一切體之、
遂之，是為得理，罔氣亂道，但取與程、朱為難，而
不顧此為大亂之道也。[58]

　　從上所引的駁語來看，方東樹似乎未能掌握乾嘉漢學者
的義理思想體系，或者可更進一步說，其完全否定了戴震等
人有所謂的義理思想。[59]首先，方氏認為漢學家禁言「理」。
除上述引文外，在《漢學商兌》中屢屢可見其言「屬禁言『理』
則自戴氏始」、「戴震禁言『理』」、「今漢學家，屬禁『窮
理』」、「漢學之人，有六蔽焉：其一，力破『理』字，首
以窮理為屬禁」[60]等；然而，事實上漢學家們並非禁絕言
「理」，只是其所論的「理」與程朱之「理」不同罷了，戴

57　方東樹：《漢學商兌》，卷中之上，總頁 274-275。
58　方東樹：《漢學商兌》，卷中之上，總頁 278。
59　方東樹言：「夫古今天下，義理一而已矣。何得戴氏別有一種義理乎？」
　　參見氏著：《漢學商兌》，卷中之下，總頁 360。
60　方東樹：《漢學商兌》，卷上，總頁 260；卷中之上，總頁 269、294；
　　卷下，總頁 385。

震《孟子字義疏正》首論「理」十五條，焦循《雕菰集》亦有〈理說〉一文，即是證明。其次，方氏反擊漢學家批評宋學乃出於「憎忌程朱」，刻意「與程朱爲難」，實則「與程朱固爲一家之學」，又將漢學家所主張體遂民之欲、民之情所得之「理」等同於程朱所論先天至善具於人心的「天理」，顯見對於乾嘉學者義理思想的理解疏誤。是故，當漢學家抨擊宋學家的先驗、獨立於實體實事之上、絕對完滿之「道」或「理」爲空疏之學時，方東樹並沒能針對此義理之別立論，其言：

> 漢學家皆以高談性命，為便於空疏，無補經術，爭為實事求是之學，衍為篤論，萬口一舌，牢不可破。以愚論之，實事求是，莫如程朱。……漢學諸人，言言有據，字字有考，只向紙上與古人爭訓詁形聲，傳注駁雜，援據群籍證佐，數百千條。反之身己心行，推之民人家國，了無益處，徒使人狂惑失守，不得所用。然則雖實事求是，而乃虛之至者也！[61]

> 竊謂經義在今日，大義及訓詁，兩者略已備矣。蓋不患不明，第患不行耳。若其猶有疑滯，亦什一之於千百，或前儒所互考聚訟而未決，或破碎迂僻、非義之要。[62]

---

61 方東樹：《漢學商兌》，卷中之上，總頁 276。案：此段文字另見於方東樹《書林揚觶》第6〈箸書無實用〉，總頁 41401-41402，惟文字略異。
62 方東樹：《漢學商兌》，卷中之下，總頁 343。

實體難工，空摹易善。近世著書者皆據此以尊漢學名
物訓詁而薄宋儒談義理，誠亦不可謂非知言也。然君
子先務為急，本末先後要自有不可倒者，如典章名物
固是實學，若施于用時，不切事情，如〈王制〉、〈祿
田〉、〈考工〉、車製等不知何用，則又不如空談義
理，猶切身心也。[63]

　　漢學家所謂的「實事求是之學」，指的是講求在經驗、
形具世界中探究義理的修養工夫，這是在以氣為根源思想體
系下的發展；至於「援據群籍」、「名物訓詁」，則是在此
共同趨向下所體現對於古聖先賢經典的重視，以及隨之必然
的歸納、整理方法，均屬工夫論的一環。誠然，引文中方東
樹確實指出了許多乾嘉學者在工夫論上只專注於典籍名物的
考證，造成枉顧「推之民人家國」等經世層面之弊，且也偏
離戴震、阮元論及義理、考據二者關係時以轎中人與轎夫[64]、
宮室與門徑[65]為喻中以義理為目的之理想，故而在方氏看
來，這些專主名物訓詁的漢學家在現世致用上幾乎沒有任何
價值可言。方東樹的批評固然有其意義，但卻沒有釐清宋儒

---

63 方東樹：〈箸書無實用〉，《書林揚觶》，第 6，總頁 41401。

64 段玉裁〈戴東原集序〉：「先生之言曰：『六書、九數等事，如轎夫然，
　　所以舁轎中人也。以六書、九數等事盡我，是猶誤認轎夫為轎中人也。』」
　　收於《戴震集》，附錄，頁 452。

65 阮元〈擬國史儒林傳序〉：「聖人之道，譬若宮牆；文字訓詁，其門徑
　　也。門徑苟誤，蹊步皆歧，安能升堂入室乎？學人求道太高，卑視章句，
　　譬猶天際之翔，出於豐屋之上，高則高矣，戶奧之間未實窺也。或者但
　　求名物，不論聖道，又若終年寢饋於門廡之間，無復知有堂室矣。」阮
　　元撰，鄧經元點校：《揅經室集‧一集》（北京：中華書局，2006 年重
　　印），卷 2，頁 37-38。

與乾嘉漢學在義理思想上的分歧。換言之，乾嘉學者鄙薄的
是程朱理學本體論空疏，而方東樹則是以乾嘉學者工夫論不
切實事，流於「虛之至」做爲回應，顯然有失焦之嫌。

即使方東樹對乾嘉學者批評的回應失焦，但在思想性格
上隸屬程朱立場則是相當明確的，其引阮元所言「朱子中年
講理，晚年講禮，誠有見於理必出於禮也。……故理必附於
禮以行，空言理，則可彼可此之邪說起矣」[66]，除批評阮元
以朱子晚年修《禮經》之說與王陽明作《朱子晚年定論》之
私意、伎倆相同之外，並駁曰：

> 不知禮是四端、五常之一，「理」則萬事萬物咸在。
> 所謂禮者，「理」也，官於天也；禮者，「天理」之
> 節文，天敘、天勒云云，皆是就禮一端言。其出於「天
> 理」，非謂「天理」盡於禮之一德。……蓋分言之，
> 則「理」屬禮；合論之，仁、義、知、信，皆是「理」。……
> 夫言禮而「理」在，是就禮言「理」。言「理」不盡
> 於禮，禮外尚有眾「理」也。即如今人讀書作文，學
> 百藝以及天文、算數、兵謀、訟獄、河防、地利，一
> 切庶務，謂曰須明其理，則人心皆喻；謂曰此皆是禮
> 之意，則雖學士，亦惶惑矣。[67]

清人所說的理義是建立在人我之欲、人我之情共同、共

---

66 方東樹：《漢學商兌》，卷中之上，總頁 293。案：方氏引述文字略有
　刪減。原文參見阮元撰，鄧經元點校：〈書東莞陳氏學蔀通辯後〉，《揅
　經室集・續集》，卷 3，頁 1062。
67 方東樹：《漢學商兌》，卷中之上，總頁 293-294。

通的基礎上，故而講求的是群體生養之欲的滿足、情感過與
不及的節制與疏通，落實於人倫日用的行事，便是「禮」的
討論。阮元言「理必附於禮以行」，即是出於此意，這同時
也是多數乾嘉學者對「理」、「禮」二者主從關係之理解。[68]
至於宋儒所言先天形上的「理」，在這些清儒看來，是無法
被落實於具體事物中加以檢驗的，只能由個人自我省視來察
識，於是將造成人人自謂得理而拒斥他理的弊端，也就是戴
震「以理殺人」之說，焦循「理足以啓爭，而禮足以止爭」[69]
及阮元「空言理，則可彼可此之邪說起矣」等論之因。方東
樹雖沒有探究阮元等人立論之根源，但方氏的這段以程朱理
學爲本的駁語，恰恰突顯了清人與宋儒在「理」、「禮」關
係認知上的差別。方東樹言「禮」乃「天理之節文」，實承
朱子之意[70]，「天理」是程朱思想中的終極本體，仁、義、
禮、智皆是「天理」落實於經驗世界中個別的所以然之「分
理」，與「天理」分屬不同層次，因此方氏言「仁、義、知、
信皆是理」中的「理」是指「分理」而言，「禮」當然應屬
「分理」之列，絕不能逕等同統攝一切「分理」的「天理」，
此即方氏強調的「理不盡於禮」、「禮外尚有眾理」之意。
本體論的不同，致使在各思想層面上的相左，於此可見。除

---

68 如戴震〈仁義禮智〉：「禮者，天地之條理也。……即儀文度數，亦聖
人見於天地之條理，定之以爲天下萬世法。禮之設所以治天下之情，或
裁其過，或勉其不及，俾知天地之中而已矣。」《戴震集‧孟子字義疏
證》，卷下，頁 318；凌廷堪〈復禮中〉：「蓋道無跡也，必緣禮而著
見，而制禮者以之；德無象也，必藉禮爲依歸，而行禮者以之。」《校
禮堂文集》，卷 4，頁 30。

69 焦循：〈理說〉，《雕菰集》，卷 10，頁 151。

70 朱熹《論語集注‧顏淵第十二》：「禮者，天理之節文也。」《四書章
句集注》（北京：中華書局，2003 年七刷），卷 6，頁 131。

上述言「理」與「禮」關係的歧異之外，方氏在《大學》經傳問題、孔子所論「仁」、「一貫」、「克己」等詮釋立場與乾嘉學者不同[71]，呈現的不僅是情緒性的攻駁，實是彰顯了方東樹崇奉程朱理學，維護宋學在儒門傳承地位之深意。

（二）詰難漢學家治學方法

　　相較於上文所論方東樹反駁漢學家對程朱理學的批評時有失焦之虞，方氏在詰難乾嘉學者治學方法的論述上則頗中肯綮，亦是歷來研究者較爲重視的部分。對於江藩《漢學師承記》嚴守訓詁考據的治學宗旨，及《經師經義目錄》中「純乎漢儒古訓」的擇取標準，方東樹直指其弊：首先，指責乾嘉考據學者祖述漢代古經訓解，「言不問是非，人惟論時代，以爲去聖未遠，自有所受」的觀念，實「違誤害理甚眾」[72]，接著又言：

> 近世漢學考證家好引雜說以證經。輒言其時去古未遠，或其人相及、其地相近，執此以爲確據，而不知事之有無當斷之以理，不在年代之近遠、人地之親疏。世固有子孫言其父祖、弟子言其先師，錯謬失實者多矣，安在時、地、人相近而即可信乎？[73]

> 漢儒雖專精，然豈必皆是？當時五經，已各異義。魏、

---

71 方東樹：《漢學商兌》，卷中之上，總頁 283-292；299-308。
72 方東樹：《漢學商兌》，卷中之下，總頁 312。
73 方東樹：〈說部箸書〉，《書林揚觶》，第 13，總頁 41481。

晉以下，雖疏昧，然豈必皆無足取？[74]

　　方東樹認爲解經的標準並不在於時代先後或地域遠近，宜應「斷之以理」，而考據學者力尊漢代章句，迴護漢人經說，則將使經義短詘乖謬。徐復觀先生曾指出清代漢學家的最大缺點，即在於「完全沒有歷史意識」，缺乏「批判精神」，其所持理由與方東樹是相同的。[75]方氏的抨擊，不僅在於指出考證學家在治經原則上的泥古之失，且隨後能用大量例證以明所言不誣，如臧琳（1650-1713）作《經義雜記》，專主漢儒文字、聲音、訓詁而訾短魏晉以來師說，閻若璩（1636-1704）推崇其「一字一句，靡不精確」、段玉裁（1735-1815）則「以爲精心孤詣，所到冰釋，發疑正讀，必中肯綮」、江聲（1721-1799）稱言「學識邁軼唐初諸儒之上」，對此，方東樹批評閻氏等人只是「任意標榜，阿好亂道」，將「自詒闇陋之譏」[76]；更進一步指出臧琳解《孟子》、《詩》依漢儒之見造成文義疏誤，方氏徵引各種典籍，從辭氣、義理等各方面提出佐證，其考據之詳並不遜色於考據學者。而對於被考據學者視爲「小學之祖」的《說文解字》[77]，方東

---

74 方東樹：《漢學商兌》，卷中之下，總頁 362。

75 徐復觀言：「清代漢學家最大的缺點之一，即在文字訓詁上，亦完全沒有歷史意識，……研究古典而完全缺乏歷史意識，以時代先（漢）後（宋）作價值判斷的標準，更缺乏批判精神。」參見氏著：〈清代漢學論衡〉，《中國學術思想史論集續編》（上海：上海書店出版社，2004 年），頁 336-377，引文見 375。

76 方東樹：《漢學商兌》，卷中之下，總頁 362。

77 如方東樹引宋鑑〈說文解字疏序〉所言：「《說文》者，小學之祖也。」孫星衍曰：「《說文》不作，幾於不知『六義』。『六義』不通，唐虞、三代古文不可復識，五經不得其本解。」參見《漢學商兌》，卷中之下，頁 333、344。

樹則細數其獨尊《說文》的十五項謬誤，並考辨小學於西漢時已興盛，無待於東漢許慎《說文》後才得以識讀古文，言：「故謂說經者，不可不治《說文》，此同然之論也。揭《說文》以為幟，攘袂掉臂，以為之宗，則陋甚矣！」實點出了固守單一家、一代之說的缺失。[78]

其次，方東樹認為考據學者不僅已背離了現實致用層面的需求，且考證的結果並無法成為唯一客觀的通則，言：

> 漢學諸人，堅稱義理存乎訓詁、典章、制度，而如〈考工〉、車制，江氏有《考》，戴氏有〈圖〉，阮氏、金氏、程氏、錢氏，皆言車制，同時著述，言人人殊，訖不知誰為定論？……竊以此等，明之固佳；即未能明，亦無關於身心性命、國計民生、學術之大。物有本末，是何足以臧也？[79]

考據學者標榜言出有據、引證群籍的問學工夫，在方東樹看來，潛存著一無法解決的問題，如引文中所舉之例，諸位漢學家均曾考究過〈考工〉、曾作古代車制的相關著述，但最後卻沒有一致的見解，造成「言人人殊，訖不知誰為定論」的窘境，顯示這套驗證方法並不能獲得一確切不移的客觀結論，且考究的事物無關性命、國家宏旨；王汎森先生即稱此現象為漢學考證所面臨的一個「典範危機」[80]。

---

78 方東樹：《漢學商兌》，卷中之下，總頁 335-344。
79 方東樹：《漢學商兌》，卷下，總頁 405。
80 王汎森：〈方東樹與漢學的衰退〉，收於氏著：《中國近代思想與學術的系譜》，頁 12。

　　再者，更值得注意的，應是方東樹對訓詁學家們在詮解古籍時所奉行「由聲音、文字以求訓詁，由訓詁以求義理」[81]或謂「由考覈以通乎性與天道」[82]等主張的反駁。方氏認為，即使是考據學者們推尊的「賈、馬、服、鄭、揚雄、蔡邕、許慎……」等精於名物、制度、訓詁的漢代諸人，不僅不曾表示過相關說法，更遑論能通達性與天道；換言之，這是戴震等人「別標宗旨」之說，實是「誕妄愚誣，絕不識世間有是非矣！」[83]接著，針對這「別標宗旨」，方氏批評言：

> 然考訂聖賢之言，亦以其義理辭氣得之，非必全藉左證。[84]

> 然訓詁不得義理之真，致誤解古經，實多有之。若不以義理為之主，則彼所謂訓詁者，安可恃以無差謬也！諸儒釋經解字，紛紜百端。吾無論其他，即以鄭氏、許氏言之，其乖違失真者已多矣，而況其下焉者乎！總而言之，主義理者，斷無有舍經廢訓詁之事；主訓詁者，實不能皆當於義理。何以明之？蓋義理有時實有在語言文字之外者。[85]

> 夫訓詁未明，當求之小學，是也。若大義未明，則實

81　方東樹：《漢學商兌》，卷中之下引錢大昕之言，總頁 311。另錢氏又有「訓詁之外，別有義理，非吾儒之學也。」其主張均相似。
82　方東樹：《漢學商兌》，卷中之下引段玉裁尊戴震之言，總頁 360。
83　方東樹：《漢學商兌》，卷中之下，總頁 360-361。
84　方東樹：《漢學商兌》，卷中之上，總頁 289。
85　方東樹：《漢學商兌》，卷中之下，總頁 320-321。

> 非小學所能盡。今漢學宗旨，必謂經義不外於小學，
> 第當專治小學，不當空言義理。以此欲騖過宋儒而蔑
> 之，超接「道統」，故謂由考覈以通乎「性與天道」，
> 由訓詁以接夫唐、虞、周、孔正傳。此最異端邪說，
> 然亦最淺陋，又多矛盾也！[86]

> 今之爲漢學考證者，專主左驗異同而全置文義不顧，
> 如惠氏、臧氏諸家尤甚。大率理狹而短拙，令人反而
> 求之不得于心，推之事物之理，窒礙而不可推行。[87]

　　這裡所說的「義理有時實有在語言文字之外」、「大義
未明，則實非小學所能盡」、「全置文義不顧」，點出了許
多清儒在詮解古籍上方法的侷限。大體來說，清代漢學家詮
解古籍的模式，是由單個字詞的訓解，進而爲文句的解讀，
再組合成整體文本的涵義，亦即是由部分推往整體的單向活
動。這樣的詮解模式，在方東樹看來，並不是一完整的詮解，
原因就在於清儒忽視了應從義理來檢視字句解釋的合宜性與
否，故言：「若不以義理爲之主，則彼所謂訓詁者，安可恃
以無差謬也！」也就是說，在詮解典籍的過程中，由整體文
義以考覈部分文句訓釋，亦是不可或缺的過程。徐復觀先生
對清儒由「文字」而「訓詁」而「義理」的批評，實可視爲
方東樹主張的進一步闡發：

> 所謂解釋，首先是從原文獻中抽象出來的。某種解釋

---

86 方東樹：《漢學商兌》，卷中之下，總頁 334。
87 方東樹：〈箸書說經〉，《書林揚觶》，第 11，總頁 41465-41466。

提出了以後，依然要回到原文獻中去接受考驗；即需
對於一條一條的原文獻，在一個共同概念之下，要做
到與字句的文義相符。這中間不僅是經過了研究者抽
象的細密工作，且須經過很細密地處理材料的反復手
續。……僅靠著訓詁來講思想，順著訓詁的要求，遂
以為只有找出一個字的原形、原音、原義，才是可靠
的訓詁；並即以這種訓詁來滿足思想史的要求。這種
以語源為治思想史的方法，其實，完全是由缺乏文化
演進觀念而來的錯覺。[88]

　　徐復觀先生認為解釋文獻不僅在於由字、詞的研究推展
到全書或全篇之旨，更要由全書或全篇之旨中來考究這些
字、詞的訓解，也就是所謂「回到原文獻中去接受考驗」的
「反復手續」，而清代考據學者欠缺的正是這「反復的手續」。
李明輝先生則認為，方東樹的觀點實隱含了當代西方詮釋學
所謂「詮釋學循環」（hermeneutischer Zirkel）的概念[89]，即
在詮釋一文本時，每一部分文字或詞語的訓解與整體文義是
相互作用的，任何字詞的訓釋必然影響整體文義的理解，而
對整體文義理解的深化，又將重新審視一切部分的訓釋，並

88　徐復觀：〈研究中國思想史的方法與態度問題〉，收於氏著：《中國思
　　想史論集》（上海：上海書店出版社，2004 年），頁 3-4。
89　李明輝：〈焦循對孟子心性論的詮釋及其方法論〉，收於氏著：《孟子
　　重探》（臺北：聯經出版公司，2001 年），頁 69-109，尤其 104-109。
　　案：詮釋學具有三個特徵：歷史性、整體性及循環性。關於「詮釋學循
　　環」的概念，當代學者如施萊瑪赫（F.Schleiermacher）、伽達瑪
　　（H.G.Gadamer，或譯為高達美、加達爾、葛達瑪）等均有相關理論。
　　參見潘德榮：《詮釋學導論》（臺北：五南圖書出版社，1999 年）；陳
　　榮華：《葛達瑪詮釋學與中國哲學的詮釋》（臺北：明文書局，1998 年）。

對部分與部分、部分與整體之間的關係作出相應的調整，因此詮釋的過程是由部分與整體所構成的一個向上螺旋式的雙向循環活動。

按上所述，無論是徐復觀或李明輝，均在某種程度上間接或直接地肯定了方東樹對乾嘉學者詮解古籍方法的攻訐，而方氏所言「義理有時實有在語言文字之外」的提出也確實更有助於古籍的詮釋。然而，必須說明的是，並非所有乾嘉學者在探究古籍時均是屬於由部分推往整體的單向活動，如戴震即是一例：雖然戴氏曾言「經之至者道也，所以明道者其詞也，所以成詞者字也。由字以通其詞，由詞以通其道，必有漸。」[90]但其亦曾表示：

> 余私謂《詩》之詞不可知矣，得其志則可以通乎其詞。作詩者之志愈不可知矣，斷之以「思無邪」之一言，則可以通乎其志。[91]

戴震所言「得其志則可以通乎其詞」的理解古籍方式，顯然正符合方東樹所強調先「以義理爲之主」、先明「大義」、觀照「文義」的主張。再如焦循亦言：

> 蓋古學未興，道在存其學；古學大興，道在求其通。前之弊，患乎不學；後之弊，患乎不思。證之以實，而運之於虛，庶幾學經之道也。[92]

---

90 戴震：〈與是仲明論學書〉，《戴震集‧文集》，卷9，頁183。
91 戴震：〈毛詩補傳序〉，《戴震集‧文集》，卷10，頁193。
92 焦循：〈與劉端臨教諭書〉，《雕菰集》，卷13，頁215。

所謂「證之以實，而運之於虛」，即是運用抽象義理來考究典籍，無疑就是徐復觀所要求的「反復手續」。可見，戴、焦在典籍致知方法上，仍是屬於部分至整體、整體至部分的雙向循環活動。只是這樣的主張並沒有受到普遍的重視，且有不少考據學者在方法論的表述上、甚或在實際的詮解古籍時的確欠缺這樣的思慮及實踐；因此，方東樹的撻伐，亦非無的放矢。

由此看來，方東樹對清儒治學方法泥古、不切致用、以及詮解古籍疏陋的針砭，確實頗能突顯出乾嘉漢學興盛後仍有待解決的問題；同時，也顯示出方氏對於乾嘉治學工夫有一定程度的掌握與理解，甚至運用考辨的方式來駁斥考據學者的主張，成為一有力的攻擊。

四、方東樹反乾嘉漢學之意義

透過上述方東樹反乾嘉漢學的原因及內容的探究後，對於乾嘉漢學、及所謂的「漢、宋之爭」，便可有進一步的釐析。

首先，方東樹批判乾嘉漢學的焦點，在於義理思想。這可由方氏再三聲明其為程朱義理道統而辯，以及在《漢學商兌》中以一半的篇幅來攻擊戴震、阮元對於「理」、「情」、「仁」、「克己」、「一貫」等關涉本體思想辭彙的詮釋中看出。即使方東樹一方面否定戴震等人有所謂的義理思想，以程朱理學為古今唯一義理；但另一方面卻又感受到乾嘉學者亟欲跨越宋學以承繼儒門正傳的威脅，故而對於乾嘉義理思想的抨擊，必然是方東樹著力所在。只是，方東樹雖然知

道批駁乾嘉漢學本體思想、屛除戴震等人義理思想的正統性，正是鞏固、回復程朱理學道統地位的方法，且也竭力執行；然而，在沒有深究乾嘉義理思想的情況下，方氏的批駁恐怕未能動搖乾嘉義理體系，甚至當乾嘉學者鄙薄宋學本體論空疏時，方氏竟以乾嘉學者工夫論不切實事、流於「虛之至」做爲回應。依此，方東樹欲爲程朱理學爭勝的意圖，其成效恐怕是十分有限的。

　　即使方東樹對乾嘉學者義理的理解頗粗疏，且維繫宋代理學傳承儒學道統地位的意圖並不順遂，但從其論戰的內容來看，實提供了對「乾嘉漢學」一詞所涵蓋疇域的考察線索。顯然，方東樹將戴震、阮元等人義理的主張視爲乾嘉漢學的範圍，或可更進一步來說，應是相當核心的部分，再加上對訓詁考證的針砭內容，足見方氏所稱的「乾嘉漢學」應涵括了義理思想及考據工夫。以此對照江藩所標舉漢朝治經規範而作的《漢學師承記》中所界定的「漢學」一詞，二者對「漢學」所概括的疇域有廣狹之別。換言之，方東樹《漢學商兌》的「漢學」與江藩《漢學師承記》的「漢學」並不對等；且方氏措意的是宋代理學與乾嘉漢學（包括義理與考據）在儒門聖道的地位，江氏則欲建構清代尊崇漢人治經工夫的「漢學」典範以別於宋人問學途徑，二者的取向亦略有異。依此，對於乾嘉以來所謂的「漢、宋之爭」，或可有較明確的解釋：現今研究清代學術發展的學者已就清儒義理思想爲根據，指出漢、宋之爭不應視爲考據與義理之爭，而是義理學內部存在著難以調和的根本歧見[93]。此一立論最根本的基礎，即在

---

93 張麗珠：〈「漢宋之爭」難以調和的根本歧見〉，參見氏著：《清代新

於考據學不足以涵蓋乾嘉甚或清代學術，義理思想才是更核心的關鍵，且義理與考據亦非是對立的學術型態。現若按本文對於方東樹、江藩「漢學」一詞界定的論述，則不妨說：從方東樹的立意而論，「漢、宋之爭」是宋代學術與乾嘉學術之爭，且以義理思想爲論爭核心；從江藩的觀點而言，則「漢、宋之爭」應是宋人與清儒治學工夫之爭。方東樹所立論的「漢學」範圍顯然可涵括江藩，且亦較符合現今學者對漢、宋之爭的理解。

其次，方東樹撻伐乾嘉漢學的另一焦點，在於考據工夫。當然，他主要詰難的對象，在於以江藩所倡議「純乎漢儒古訓」的主張。方氏確實點出清代漢學家在詮解古籍時獨尊漢人章句、且有背離經世致用之流弊等問題，這是現代學者肯定其反乾嘉漢學最多的部分，自不待贅言。本文要指出的是，方東樹雖嚴厲地攻擊訓詁，但並不表示否決訓詁在治學工夫中的必要性。按方氏所宗主的程朱理學，在「理一分殊」的架構下，典籍是反映先聖先賢言行在世界的展開與實踐，代表著各種具體、獨立的分殊之理（所謂「物物一太極」），治學者應透過平實的考究字句工夫以窮得各個分殊之理，經過長久的積累，才能豁然貫通的達到「眾物之表裏精粗無不到，吾心之全體大用無不明」[94]，即「理一」（所謂「統體一太極」）的境界。因此，朱子也肯定經典的價值，亦重視文句訓詁，只是這些工夫最後仍是在於證成這些個別之理皆是整體之理的展現，而這個先天具於心、完全自足的整體之

義理學 ── 傳統與現代的交會》（臺北：里仁書局，2003 年），頁 121-171。
　　該本又見於林慶彰、張壽安編：《乾嘉學者的義理學》，頁 235-280。
94 朱熹：《大學章句》，《四書章句集注》，總頁 7。

理的體證貫通，才是朱子的終極目標。清儒則以人倫日用無失爲「道」，事理原則無所差謬謂之「理」，皆是奠基於現實世界，而人心只有辨之、悅慕理義之能，並沒有一種先天完滿具存於心的「道」或「理」；是故，歷史文獻、經典文本中所載仁義禮之道便是人心辨之、悅之的對象，是問學的目標，識得經典中的義理，即已是終極的義理，沒有所謂體證「先天之理」的問題。這是程朱理學與清儒義理在工夫論上的最明顯不同。同時也是縱使朱子亦強調問學、亦從事注經，但戴震仍予以批評之因，其言：

> 程子、朱子謂氣稟之外，天與之以理，非生知安行之聖人，未有不污壞其受於天之理者也，學而後此理漸明，復其初之所受。是天下之人，雖有所受於天之理，而皆不殊於無有，……今富者遺其子粟千鍾，貧者無升斗之遺；貧者之子取之宮中無有，因日以其力致升斗之粟；富者之子亦必如彼之日以其力致之，而日致者即其宮中者也，說必不可通，故詳於論敬而略於論學。[95]

戴震批評程朱所倡理得於天而具於心與「學而後此理漸明」相互矛盾，正如已有遺產千鍾之粟的富人，又說富人努力工作後所獲得的即是原本所擁有的千鍾之粟，顯然於事理上不通。所謂「學而後此理漸明」，應如本無祖產之遺的貧者，透過努力工作後而獲得升斗之粟。因此，程朱據其自身

---

95 戴震：〈理〉，《戴震集·孟子字義疏證》，卷上，頁280。

思想基礎上同時並列「涵養須用敬」與「進學則在致知」為修養工夫，在戴震看來，實是「詳於論敬而略於論學」的。上述戴氏的批評自有其義理根源，而本文所關注的焦點不在於衡定程朱之學與戴學的優劣高下，而是要說明考究典籍的工夫在二者思想中有著不同的位階：程朱理學所論的經籍訓解，乃在探究「分殊之理」，這是修養工夫的先行過程，另還要加上抽象的自覺體證工夫（即「涵養須用敬」），才能掌握其終極之「理」，且自覺體證的工夫不僅是必須的，更應是主要的工夫；而清儒義理學所言考據典籍工夫後所得之「理」，即是其探求的終極之「理」。

　　方東樹並沒能深究典籍考據在乾嘉漢學與程朱理學工夫論中所代表意義的不同，因此屢屢強調朱子亦重經典、訓詁、未曾捨日用倫常，以此回應清儒對宋學自覺體證工夫的批評。如言：朱子「不廢漢魏諸儒訓詁名物」、「程朱固未嘗舍六經而為學也」、「程朱言性、言理，皆從身心下功夫，以日用倫常為實際」、「朱子訓詁諸經，一字一句，無不限極典謨」、「朱子非廢訓詁、名物不講，如漢學諸人所訾謗也」、「朱子教人為學，諄諄於漢、魏諸儒正音讀，通訓詁，考制度，釋名物，以為當求之注疏，不可略」[96]，這些論述固然無誤，但卻只呈現了宋學工夫論中探求「分殊之理」的部分，至於更重要的自覺體證「終極之理」的部分，反而不見方東樹著墨。甚至，在方東樹看來，朱子所論典籍訓詁與清儒所主的訓詁並無二致，其言：

---

96 方東樹：《漢學商兌》，卷上，總頁 257；卷中之上，總頁 274、277；卷中之下，總頁 359；卷下，總頁 381、393。

> 程朱所學、所宗之「道」，與「理」、與「心」，亦
> 未聞別於六經之外而求之也。[97]

> 考凡漢學家所有議論，如重訓詁，斥虛空墮禪學，皆
> 竊朱子之緒論。而即用以反罪之，增飾邪說，失真而
> 改其面目又一局矣！[98]

> 漢學諸人，所擅爲絕學以招於世者，如訓詁、小學、
> 天文、算術、名物、制度、輿地、考史，實皆《大學》
> 始教「格物窮理」條目中之事。陰行其實，而力攻其
> 說，如人亟資於布帛菽粟，而忌言衣食之名，因痛斥
> 之。豈惟用罔，抑亦不惠矣！[99]

　　方東樹言程朱的「道」、「理」、「心」皆於六經中求
之，顯然只涉及了程朱理學中的「分殊之理」，而忽略了統
攝一切「分殊之理」的「天理」。或者可說，方東樹雖然宗
主程朱理學，但爲反駁乾嘉學者的攻訐，故而刻意突出宋學
考究「分殊之理」的工夫以與之回應；而當方氏言漢學家「竊
朱子之緒論」、「陰行其實，而力攻其說」，意指清儒考據
工夫是襲自程朱理學，這樣的批評，不僅可看出其對乾嘉義
理思想及工夫論理解的疏誤，且也無法真正呈顯出程朱理學
的全貌，對於在儒學道統地位的爭勝反而是沒有助益的。
　　再者，由於方東樹在朱學思想體系下認肯了訓詁工夫的

97 方東樹：《漢學商兌》，卷中之上，總頁 275。
98 方東樹：《漢學商兌》，卷下，總頁 403。
99 方東樹：《漢學商兌》，卷下，總頁 404。

價值，因此在《漢學商兌》中可發現其中有許多對清儒訓詁觀點或成就的讚揚之言，如：

> 若謂義理即在古經訓詁，不當歧而為二；本訓詁以求古經，古經明，而我心同然之義理以明。此確論也。[100]

> 但就音學而論，則近世諸家所得，實為先儒所未逮。故今撮錄諸家要論於左，方俾學者略明其端緒，因是而求五家之書之全，固談經者所不可闕之功也。顧亭林《音學五書》……錢氏大昕敘段氏〈六書音均表〉……戴氏〈六書論序〉……江氏有誥〈音學十書序例〉……。[101]

> 小學、音韻，是漢學諸公絕業，所謂此自是其勝場，安可與爭鋒者。平心而論，實為唐、宋以來所未有。[102]

　　上述引文中，被方東樹稱為「確論」的觀點：「本訓詁以求古經，古經明，而我心同然之義理以明」，實出自戴震之言[103]，這是戴氏由其義理思想所推展出的問學以通聖賢之德的主張，同時也是述及乾嘉漢學時，十分具有代表性的論

---

100 方東樹：《漢學商兌》，卷中之下，總頁 320。
101 方東樹：《漢學商兌》，卷中之下，總頁 327-333。案：方氏所引戴震〈六書論序〉實為〈答江慎修先生論小學書〉。
102 方東樹：《漢學商兌》，卷下，總頁 383。
103 戴震於〈題惠定宇先生授經圖〉中言：「故訓明則古經明，古經明則賢人聖人之理義明，而我心知所同然者，乃因之而明。」《戴震集·文集》，卷 11，頁 214。方東樹所引之文字略有出入。

述，而方東樹卻在不明究理的狀況下認同了此一主張，不免
自陷其反乾嘉漢學的困境。因此即有學者認爲方氏只是在枝
節技術上評論訓詁的失誤，而沒能在根本上推翻乾嘉學者之
說。[104]除此之外，方東樹也讚揚清儒在小學、音韻學上的成
就，稱言「實爲先儒所未逮」，又列舉顧炎武等人的重要音
學著作以示後學參究，加上其自身在訓詁方面也頗有造詣，
足見方氏在考據學盛行的學術氛圍中受影響的痕跡。[105]

五、結　語

　　方東樹之所以反乾嘉漢學，一方面在於其獨契的宋代儒
學所享有傳承道統的必然優勢遭到乾嘉學者嚴峻的挑戰；另
一方面則不滿於江藩倡議「純乎漢儒訓詁」的治經工夫。在
方氏論學的激切用語及不時出現近於詆諆言詞的背後，實含
藏著亟欲扭轉學術發展的企望。

　　有別於過去學者專主於方東樹批評清儒訓詁的研究視
野，本文嘗試指出方氏所攻擊的乾嘉漢學是以義理思想爲核
心，並以此爲基礎，檢視方氏的批評內容。首先，可看出所
謂的乾嘉漢學所涵蓋的疇域應包括本體思想與工夫論，而本
體思想是促使清儒們首重訓詁工夫的關鍵因素。方東樹雖未
能完全掌握清儒們義理思想的脈絡，但藉由其宗主程朱理學

104　胡楚生：《清代學術史研究》（臺北：臺灣學生書局，1988 年），頁
　　　249-259。

105　（美）艾爾曼指出，方東樹《漢學商兌》中既對考據學派的音韻、訓詁
　　　研究予以高度的評價，又猛烈批評漢學，這是清代江南宋學受學術範式
　　　轉變衝擊的例證。參見氏著：《從理學到樸學 —— 中華帝國晚期思想與
　　　社會變化面面觀》（南京：江蘇人民出版社，1997 年），頁 43。

立場以反駁戴震等人對義理辭彙的詮解，實可呈顯出宋學與乾嘉漢學的不同，這是根基於本體思想的差異。其次，方東樹在程朱思想體系下肯定了考據工夫的價值，故而屢屢強調朱子治經、訓詁等考究典籍以駁斥乾嘉學者的攻擊，造成程朱理學中分殊之理的認識工夫被極度突顯，但其工夫論中由分殊之理上升至對先驗的「天理」（終極之理）的體認工夫卻退居次要，如此一來，不僅無法顯出宋學治學的特出之處，且亦無助於宋學在道統地位的爭勝。最後，由此來考察一般學術史上所言由江藩《漢學師承記》與方東樹《漢學商兌》為代表的漢、宋學之爭。按本文所論，江藩的「漢學」是指專主治學的考據工夫，而方東樹所反的「漢學」則概括了義理思想與考據工夫，依此，即使方氏確實點出了江藩所主「漢學」的部分流弊，但畢竟二者所論「漢學」疇域並不盡相同，若以此視為是漢、宋學之爭，恐怕並不恰當。當然，倘就方東樹所言朱子不廢訓詁而遽以判定方氏有調和漢、宋學之意[106]，恐怕是更遠於方氏初衷了。

---

[106] 如尚小明：〈門戶之爭，還是漢宋兼采？ —— 析方東樹《漢學商兌》之立意〉，《雲南大學社會科學學報》2001 年第 1 期第 27 卷，頁 139-140；李贄：〈方東樹與十九世紀的漢學批評〉，《史學集刊》，2002 年 7 月第 3 期，頁 23-27。

第二章　焦循對乾嘉漢學之評議

一、前　言

綜論清代經學的研究，乾嘉（1736-1820）學術可說是一關鍵時期：一方面揭示了清學的諸多特點，尤其在經典文字音義、考證、辨僞、輯佚等工夫。另一方面對此亦出現兩極化的評價，如牟宗三（1909-1995）以明末劉蕺山（1578-1645）爲論述中國儒學終點，不願「浪費筆墨」以論清學[1]；再如徐復觀（1901-1980）認爲乾嘉學派「只有餖飣的認知活動，而缺少系統的知識的自覺與努力」[2]；錢穆（1895-1990）乃直

---

[1] 牟宗三言：「夫宋明儒學要是先秦儒家之嫡系，……自劉蕺山絕食而死後，此學亦隨明亡而亦亡。自此以後入清，中國之民族生命與文化生命遭受重大之曲折，……是故自此以下，吾不欲觀之矣。……至於邪僻卑陋不解義理爲何物者之胡思亂想，吾亦不欲博純學術研究之名而浪費筆墨於其中也。」參見氏著：《從陸象山到劉蕺山》（上海：上海古籍出版社，2001年），序文，頁2。又言：「中國亡於滿清，滿清的統治是軍事統治、異族統治，它不能繼承中國傳統文化的精神，所以知識份子完全變了。……所以我們講中國的學問，講到明朝以後，就毫無興趣了。這三百年間的學問我們簡直不願講，看了令人討厭。」參見氏著：《中國哲學十九講》（臺北：臺灣學生書局，1983年），頁418。
[2] 徐復觀：〈《論語》「一以貫之」語義的商討〉，收於氏著：《中國思想史論集》（上海：上海書店出版社，2004年），頁202；又類似之主張，可見於〈「清代漢學」衡論〉，收於氏著：《中國思想史論集續編》（上海：上海書店出版社，2004年），頁336-377。

指乾嘉時代的學風是「逃避人生」，而經學研究只有「學究氣」[3]；相較於上述批評，梁啓超（1873-1929）卻盛讚清代考證之學以實事求是爲學鵠，饒富科學精神[4]，胡適（1891-1962）亦以清代經學具有歷史的眼光、工具的發明、歸納的研究、證據的注重等特色而有獨到長處[5]。若追溯這些觀點的基礎，不難發現其主要是著眼於乾嘉學術中研究工具的高度彰揚，且輕忽了主導此一治學工夫的論據與義理思想的建構。然而，透過近幾年來勃興的乾嘉義理相關論著[6]，實已頗明確地勾勒出乾嘉學術自有一別於宋明理學的義理典範，足以回應、重新檢覈這些批判性的觀點；本文即是在這個研究成果上，嘗試考察此一義理典範在乾嘉時期彰顯的情形。

其次關於研究工具的高度彰揚。基本上，雖然現今學者大都認同乾嘉學術中自有其本體思想，且同時亦爲考據工夫提供了必然存在的意義及價值，但不可否認的是，乾嘉時期經學家的殊勝之處卻不在於義理思想的闡述，而是凸顯了以

---

3 錢穆：〈略說乾嘉清儒思想〉，收於氏著：《中國學術思想史論叢（八）》（臺北：素書樓文教基金會，2000 年），頁 6。

4 梁啓超：《論中國學術思想變遷之大勢》（上海：上海古籍出版社，2001 年），頁 113。

5 胡適：《戴東原的哲學》（合肥：安徽教育出版社，2006 年），頁 9。

6 如林慶彰、張壽安主編：《乾嘉學者的義理學》（臺北：中央研究院中國文哲研究所，2003 年），收錄二十篇相關論文；張壽安：《以禮代理：凌廷堪與清中葉儒學思想之轉變》（石家莊：河北教育出版社，2001 年）、《十八世紀禮學考證的思想活力》（北京：北京大學出版社，2005 年）；張麗珠：《清代義理學新貌》（臺北：里仁書局，1999 年）、《清代新義理學 —— 傳統與現代的交會》（臺北：里仁書局，2003 年）；姜廣輝：《走出理學 —— 清代思想發展的內在理路》（瀋陽：遼寧教育出版社，1997 年）；陳祖武、朱彤窗：《乾嘉學派研究》（石家莊：河北人民出版社，2005 年）；鄭宗義：《明清儒學轉型探析 —— 從劉蕺山到戴東原》（香港：中文大學出版社，2000 年）。

考據爲治學的實踐進路，致使乾嘉經學往往被後世論者窄化爲「考據學」；再加上諸多清儒標舉漢代儒者的經說訓解爲規範，蔚爲主流，於是亦有論者以「漢學」概括乾嘉學術，「乾嘉漢學」成爲現今學術研究中慣用之詞。

對於以「考據學」或「漢學」來統稱乾嘉經學之偏失，身處於乾嘉時期的焦循（1763-1820）便已有所察覺，其不僅反對侷執於漢代儒者訓解的治經工夫，更嚴厲抨擊以「考據」盡一切經典的研究。焦氏的批判固然指出專究考據、漢儒古訓之流弊；更重要的是，這實代表著其面對乾嘉經學發展過程中被輕忽的義理思想應受重視的企求，亦即工夫與本體間的聯繫必須有進一步的朗現，形構出一完整乾嘉學術的意圖。依此，相較於隨後以方東樹（1772-1851）爲代表，主張捍衛宋學爲儒家正統傳承者的角度所展開對乾嘉漢學的攻駁，不僅是在「漢學」範疇的界定上有別，且在實質成效及意義上亦有所不同。

本書擬按下列三點進行論述：首先，略析乾嘉治經發展過程中，以惠棟（1697-1758）爲代表的崇漢信古之治經範式興起，以及後繼者江藩（1761-1831）所編纂《國朝漢學師承記》（以下簡稱《漢學師承記》）、《國朝經師經義目錄》（以下簡稱《經師經義目錄》）中揭舉「漢學」，這個「乾嘉漢學」是純就治經方法而論，此即焦循所亟力詆斥的部分；其次，說明焦循對於乾嘉漢學的批評，這些內容牽涉到其主張的治經態度與方法，且正是立足於以戴震（1723-1777）爲首所建構義理型態的基礎上進一步的發展；最後，藉由前述的基礎，探究焦循批判乾嘉漢學之意義，並指出其與清代中葉方東樹對乾嘉漢學攻詰之差異。

二、乾嘉時期「漢學」的興起及義涵

　　清人揭示「漢學」一詞，初用以指漢人經說[7]。乾嘉時期
儒者治經力崇漢儒古訓、家法，後漸蔚爲主流學風，惠棟實
居於推展的樞紐。他不僅在論學上高度推崇漢代，言「漢儒
以經術飾吏事……可爲後世法」、「經學則斷推兩漢」[8]；同
時在相關的經解著作如《易漢學》、《周易述》、《古文尚
書考》、《明堂大道錄》、《左傳補注》、《九經古義》中
具體呈現了宗主鄭玄（127-200）、崇信古義的特點[9]。此外，
惠棟屢屢貶抑宋人治經，並標舉漢儒與之相對，如言：

> 訓詁，漢儒其詞約，其義古；宋人則辭費矣，文亦近鄙。
> 漢有經師，宋無經師。漢儒淺而有本，宋儒深而無本；
> 有師與無師之異：淺者勿輕疑，深者勿輕信，此後學
> 之責。[10]

　　惠氏稱許漢儒解經「詞約」、「義古」、「有本」，相
較於宋人的「辭費」、「文鄙」、「無本」，則二者高下優
劣自不待言；再者，惠氏措意於治經必須「有本」、「義古」，

7　以漢學、宋學對舉非始於惠棟，初均指漢朝經術而言。
8　惠棟：〈經術飾吏事〉、〈趨庭錄〉，《九曜齋筆記》，收於《叢書集
　　成續編》第 20 冊（臺北：新文豐出版公司，1989 年影印《聚學軒叢書》），
　　卷 1，頁 620；卷 2，頁 645。
9　關於惠棟解經尊漢，參見張素卿：〈「經之義存乎訓」的解釋觀念 —— 惠
　　棟經學管窺〉，收於《乾嘉學者的義理學》，總頁 281-318。
10　惠棟：〈訓詁〉、〈趨庭錄〉，《九曜齋筆記》，卷 2，頁 627，646。

實即闡明了尊漢之因，乃在於漢儒治學有師承家法，自有淵源，且由於「漢猶近古，去聖未遠」[11]，據而將漢儒經說的價值大幅提升，言「漢經師之說立於學官，與經並行」[12]，顯然是將之視為與經典具同等地位。在此前提之下，便可理解惠棟屢屢批評宋儒「不好古」、「臆說」[13]，鄙之「不識字」[14]，斥朱子（1130-1200）之學是「道家之學」[15]、「郢書燕說」[16]了。依此，他主張治經門徑：

> 《五經》出於壁屋，多古字古言，非經師不能辨。經之義存乎訓，識字審音乃知其義，是故古訓不可改也，經師不可廢也。[17]

惠棟一方面揭示了透過識字審音以掌握經典義理的解經

---

11 惠棟：〈上制軍尹元常先生書〉，《松崖文鈔》收於《叢書集成續編》第 191 冊（影印《聚學軒叢書》），卷 1，頁 51。

12 惠棟：〈九經古義述首〉，《松崖文鈔》，卷 1，頁 44。

13 如〈北宋〉：「唐時所存東漢、六朝之書皆亡於北宋，北宋人已不好古，故使諸書皆亡，所亡經義，尤可惜也。」參見氏著：《松崖筆記》收於《叢書集成續編》第 20 冊（影印《聚學軒叢書》），卷 3，頁 607。又〈郢書燕說〉：「家君曰：宋人不好古而好臆說，故其解經皆燕相之說書也。」〈趨庭錄〉：「宋儒經學不惟不及漢，且不及唐，以其臆說居多，而不好古也。」參見氏著：《九曜齋筆記》，卷 1，頁 624；卷 2，頁 645。

14 惠棟〈主一無適〉：「文子曰：一也者，無適之道也；半農云：宋儒主一無適之學本此。棟案：適讀為敵，宋儒不識字，讀如適。」參見氏著：《松崖筆記》，卷 1，頁 592。

15 惠棟〈道學傳〉：「濂溪之太極、朱子之先天，實皆道家之學也。」參見氏著：《松崖筆記》，卷 3，頁 610。

16 惠棟：〈不知而作〉，《九曜齋筆記》，卷 2，頁 633。

17 惠棟：〈九經古義述首〉，《松崖文鈔》，卷 1，頁 44。

方法，後來擴展、確立爲乾嘉問學範式；另一方面則訂定了遵循古訓、經師（即漢儒經說）的原則，「漢學」之幟自此顯揚。錢大昕（1728-1804）曾論惠棟：「今士大夫多尊崇漢學，實出先生緒論」[18]、「談漢學者，無出其右矣」[19]，並稱惠棟所作《周易述》爲「漢學之絕者千有五百餘年，至是而粲然復章矣」，又言：

> 予嘗論宋、元以來，說經之書盈屋充棟，高者蔑棄古訓，自誇心得；下者勦襲人言，以爲己有，儒林之名，徒爲空疏藏拙之地。獨惠氏世守古學，而先生所得尤深，擬諸漢儒，當在何邵公、服子慎之閒，馬融、趙歧輩不能及也。[20]

此正說明了惠棟於「漢學」興起中之定位。

據上所論，惠棟這種嚴判漢、宋學之別，重視師承家法，標榜以漢儒的訓詁之學通經求道，主要都是以治經方法立論。此一治經範式至被譽爲「紅豆門生第一人」[21]的江藩總

---

18 錢大昕撰，呂友仁校點：〈古文尚書攷序〉，《潛研堂集·文集》（上海：上海古籍出版社，2009 年），卷 24，頁 384。
19 錢大昕：〈與王德甫書一〉，《潛研堂文集補編》，收於陳文和主編：《嘉定錢大昕全集》第 10 冊（南京：江蘇古籍出版社，1997 年），頁 28。
20 錢大昕撰，呂友仁校點：〈惠先生棟傳〉，《潛研堂集·文集》，卷 39，頁 705。案：江藩作《漢學師承記》亦中引錄該文，惟文字略異，參見氏著：《漢學師承記》，收於江藩、方東樹：《漢學師承記（外二種）》（香港：三聯書店，1998 年），〈惠周惕附惠士奇、惠松崖〉，卷 2，總頁 25-37。
21 汪喜孫：〈五哀詩·江鄭堂先生〉，《抱璞齋詩集》，收於楊晉龍主編：《汪喜孫著作集》（臺北：中央研究院中國文哲研究所，2003 年），上冊，卷 5，總頁 359。

結編纂了《漢學師承記》一書，明確地勾勒出清初至乾嘉時期「漢學」的師承譜系，期以彰顯漢學在乾嘉時期的中心學術地位[22]。江藩在該書卷首中略述自先秦以來經學的流衍情形，攻訐宋代學者不考究禮樂之源，獨標性命之旨，視傳注疏解之書如糟粕；至明代士人則困於帖括之學，以講章爲經學，甚爲可悲，並言：

> 藩綰髮讀書，授經於吳郡通儒余古農、同宗艮庭二先生，明象數制度之原，聲音詁訓之學。乃知經術一壞於東西晉之清談，再壞於南北宋之道學。元、明以來，此道益晦。至本朝三惠之學，盛於吳中；江永、戴震諸君，繼起於歙。從此漢學昌明，千載沉霾，一朝復旦。暇日詮次本朝諸儒為漢學者，成《漢學師承記》一編，以備國史之採擇。[23]

　　江藩在此所揭舉的治經方式，即考究「象數制度之原」、「聲音詁訓之學」；再加上其子江鈞（1788-1851）於《經師經義目錄》跋語中言江藩著錄書籍的原則爲：「言不關乎經義小學，意不純乎漢儒古訓者，不著錄。[24]」則可看出江藩不僅直承惠棟觀點，同樣是著眼於治經工夫，且更清楚地標誌出「漢學」的規範：遵循漢儒經說的訓詁考據工夫。根據這個標準，曾批評漢《易》的顧炎武（1613-1682）、黃宗羲

---

22 關於江藩編寫《漢學師承記》的動機，請參第一章註41。
23 江藩：《漢學師承記》，卷1，總頁8。
24 江藩：《國朝經師經義目錄》後江鈞跋語，（收於江藩、方東樹：《漢學師承記（外二種）》），總頁178。

（1610-1695）二人被江藩視爲「深入宋儒之室，但以漢學不可廢耳。多騎牆之見，依違之言，豈真知灼見者哉！」「不宗漢學，皆非篤信之士。」[25]而置於《漢學師承記》卷末，便不難理解了。[26]然而，如果進一步檢視在《漢學師承記》中所臚列「爲漢學者」，是否皆盡符江藩所論服膺「純乎漢儒古訓」的治經原則，恐怕頗值得商榷。最值得注意的，應是被江氏視爲「繼起於歙」的戴震。

　　戴震除被視爲乾嘉時期皖派考據學代表，同時亦是清代義理思想的主要建構者。即使有學者指出戴震論學似乎曾受惠棟的影響[27]，但能密切聯繫考據工夫而確切地構築出立異於宋明理學的思想體系，戴震確實已開創了不同的格局，除嚴厲抨擊宋明義理思想外[28]，且凸顯了欲取代宋儒在傳統儒

---

25 江藩：〈顧炎武〉附記，《漢學師承記》，卷 8，總頁 158；《國朝經師經義目錄》，總頁 163。

26 相關研究，請參漆永祥：《江藩與《漢學師承記》研究》，頁 381-389；王應憲：〈《國朝漢學師承記》的「黃顧問題」略論〉，《皖西師院學報》，第 21 卷第 4 期（2005 年 8 月），頁 69-71；戚學民：〈儒林列傳與漢學師承 ── 《漢學師承記》的修撰及漢宋之爭〉，《先因後創與不破不立：近代中國學術流派研究》，頁 59。按：多數學者認爲江藩將黃、顧置於卷末，主要是由於其所持「純漢學」的學術立場；另有學者以爲江氏是出於「政治正確」的考量。

27 錢穆將戴震論學分爲兩期，後期即以戴氏南遊揚州結識惠棟，而「論學一轉而近於吳學惠派」，參見氏著：《中國近三百年學術史》（臺北：臺灣商務印書館，1995 年），上冊，頁 351-357。後陳祖武進一步闡述，指出由惠學到戴學實爲乾嘉學派從形成到鼎盛的一個縮影，參見氏著：〈關於乾嘉學派的幾點思考〉，收於《清代經學國際研討會論文集》（臺北：中央研究院中國文哲研究所，1994 年），頁 249-261，尤其 253-256；該文亦見於氏著：《清儒學術拾零》（長沙：湖南人民出版社，2002 年），頁 159-174。相近之主張，可參見陳祖武、朱彤窗：《乾嘉學派研究》，頁 264-270。

28 相關研究甚夥，如（1）胡適：《戴東原的哲學》（臺北：臺灣商務印書

家道統地位的意圖，其首要著作《孟子字義疏證》[29]便是典範。關於戴震的義理思想內容，近年來學者論究頗多，大體而言，在「以氣為本」的理路下，氣化流行構生了萬事萬物，所謂的「道」、「理」並非如宋明理學家所言先驗的、內在於人，而是須就經驗世界的實體實事中探求，故而承載著先聖先賢言論行事的經典自然成為尋索「道」或「理」的首要對象，於是，典籍知識的地位提升；再者，隨之必然的整理、歸納這些經典，並詳實地考究經典的字句文義、名物、典制等，便是求「道」過程中不可避免的工作。在此必須說明的是，在這援據典籍、訓詁考證工作之後，心知的辨別、悅慕之能實是致知過程中至為關鍵的部分；換言之，透過古聖賢典籍的客觀考察以釐析出理義後，仍要以主觀的心知認同作為理義價值判斷、取決的標準，如此才是戴氏致知論的完整呈現。其言：

> 是以凡學始乎離詞，中乎辨言，終乎聞道。離詞，則捨小學故訓無所藉；辨言，則捨其立言之體無從而相接以心。

> 故訓明則古經明，古經明則賢人聖人之理義明；而我

> 心之所同然者，乃因之而明。賢人聖人之理義非它，
> 存乎典章制度者是也。

> 學者大患在自失其心。心，全天德，制百行。不見天
> 地之心者，不得己之心；不見聖人之心者，不得天地
> 之心；不求諸前古賢聖之言與事，則無從探其心於千
> 載下。是故由六書九數、制度名物，能通乎其詞，然
> 後以心相遇。

> 心之所同然始謂之理，謂之義。……舉理，以見心能
> 區分；舉義，以見心能裁斷。分之，各有其不易之則，
> 名曰理；如斯而宜，名曰義。是故明理者，明其區分
> 也；精義者，精其裁斷也。[30]

治經不僅在於六書九數、制度名物的研析，同時還要發
揮心的思辨、擇取之能，所謂「相接以心」、「心之所同然」、
「以心相遇」，指的就是心知的作用。這樣的理路足以證明
戴震問學進路不單只是一種「求之於外」的經驗領域探究，
內在於人心所本具悅納德性之能才是人們成德的最終歸結。
據此，雖然戴震早年在闡述治經方法時似乎有不少與惠棟相
近的觀點[31]，且亦曾讚揚惠棟經術成就[32]；但對於惠棟專守漢

---

30 戴震：〈沈學子文集序〉、〈題惠定宇先生授經圖〉、〈鄭學齋記〉，
　《戴震集·文集》，卷11，頁210，214，225；〈理〉，《戴震集·孟
　子字義疏證》，卷上，頁267。
31 如戴震〈與是仲明論學書〉言：「僕自少時家貧，不獲親師，聞聖人之
　中有孔子者，定《六經》示後之人，求其一經，啟而讀之，茫茫然無覺，
　尋思之久，計於心曰：『經之至者道也，所以明道者其詞也，所以成詞

儒經說，實非他所認可的問學態度，如曾批評漢儒故訓「亦有時傅會」，又指出「曩病同學者多株守古人」、「信古而愚，愈於不知而作，但宜推求，勿爲株守」[33]，都是強調治經不僅止於故訓，而在於「聞道」，言：

> 今之博雅能文章善考核者，皆未志乎聞道，徒株守先儒而信之篤，如南北朝人所譏，「寧言周、孔誤，莫道鄭、服非」，亦未志乎聞道者也。

> 治經先考字義，次通文理，志存聞道，必空所依傍。[34]

顯然，考據並非戴震問學致知的目的，其最終仍是在「道」的追求。至於「聞道」的方法，除了聲音、文字、名物、制度的考核之外，按上所論，還必須藉由心知的思辨運用，故而屢屢言「株守先儒」之非，主張「志存聞道，必空所依傍」；換言之，治經不應依附或侷限於一家之說，其所終極追求的「道」，乃是「不謬於心」，且能「與天地之心協」。[35]

者字也。由字以通其詞，由詞以通其道，必有漸。』」《戴震集・文集》，卷9，頁183。

32 如戴震〈題惠定宇先生授經圖〉言：「蓋先生之學，直上追漢經師授受欲墜未墜薶蘊積久之業，而以授吳之賢俊後學，俾斯事逸而復興。……松崖先生之爲經也，欲學者事於漢經師之故訓，以博稽三古典章制度，由是推求理義，確有據依。」《戴震集・文集》，卷11，頁214。

33 戴震：〈與某書〉、〈與任孝廉幼植書〉、〈與王內翰鳳喈書〉，《戴震集・文集》，卷9，頁187；頁181；卷3，頁54。

34 戴震：〈答鄭丈用牧書〉、〈與某書〉，《戴震集・文集》，卷9，頁186；卷9，頁187。

35 戴震〈古經解鈎沈序〉言：「士貴學古治經者，徒以介其名，使誦顯歟？抑志乎聞道，求不謬於心歟？人之有道義之心也，亦彰亦微。其彰也，

　　由此看來，戴震雖受惠棟影響，然而二者仍是有區別的：戴震源於其義理系統之脈絡，在否定宋儒所倡「理」是得於天而具於心的前提下，進而批評理學家內在自我體證的工夫，因此戴氏推崇的是由語言文字解經的傳統，並不一味尊信漢人經注；而惠棟則聚焦於治經工夫的討論，在講求師承、信古的原則下，推崇漢儒、抨擊宋人問學態度。是故，若以江藩「純乎漢儒古訓」作爲檢視標準，那麼，惠棟被列爲漢學的領袖自屬無疑，但戴震應是被排除於「漢學」疇域的。王鳴盛（1722-1797）論惠、戴學風，言一爲「求其古」，一爲「求其是」[36]，即已提及二者之別；章太炎（1869-1936）曾言清代學術至乾隆時期始有自成系統者，且分爲吳、皖二派，言：「吳始惠棟，其學好博而尊聞。皖南始戴震，綜形名，任裁斷。此其所異也。」[37]章氏按地域來劃分乾嘉學派的方式固然值得商榷，但卻也述及了惠、戴之間的差異；又劉師培（1884-1919）則認爲惠棟「確宗漢詁，所學以掇拾爲主，扶植微學，篤信而不疑」，而戴震則是「曲證旁通，以小學爲基，以典章爲輔，而曆數、音韻、水地之學，咸實事求是以求其源」[38]；梁啓超認爲「惠學僅淹博，而戴則識斷且精審」，甚至主張只有惠氏一派是「純粹的漢學」，而戴

是爲心之精爽；其微也，則以未能至於神明。《六經》者，道義之宗而神明之府也。古聖哲往矣，其心志與天地之心協，而爲斯民道義之心，是之謂道。」《戴震集・文集》，卷 10，頁 191。

36 洪榜〈戴東原行狀〉引，參見《戴震文集》（臺北：華正書局，1974 年），附錄，頁 255。

37 章炳麟：《訄書 初刻本 重訂本》（北京：生活・讀書・新知三聯書店，1998 年），〈清儒第十二〉，頁 158。

38 劉師培：〈近儒學術統系論〉，收於氏著：《清儒得失論：劉師培論學雜稿》（北京：中國人民大學出版社，2004 年），頁 277。

震所治已超越「漢學」[39]。這些評論，實已明確地指出惠、戴學間的差異，而江藩卻將並不符合其「純乎漢儒古訓」的戴氏納入「爲漢學者」的行列，顯見江藩乃有意識地將「漢學」的涵蓋領域擴張；至此，「漢學」一詞幾乎由最初清儒指稱的漢代學術變質爲乾嘉學術的代稱了。

三、焦循對乾嘉漢學之評議

釐析了由惠棟、江藩所樹立「漢學」之幟的意涵，以及戴震依違於「漢學」的治經原則後，便可進一步檢視頗受戴氏義理影響並盛譽《孟子字義疏證》的焦循。[40]底下，將先闡述焦循立足於戴氏義理思想上所發展出的治經態度與方法，此爲焦氏批判「漢學」的理論基礎；其次，分析焦氏反「漢學」之內容，包括考據學家治經之流弊，且追溯倡導「漢學」者於論述之時即已出現謬誤，由此指出其屏斥所具的強烈針對性；最後，說明焦氏這些主張的背後實意味著乾嘉學術發展所面臨的困境及隨之而來的挑戰。

基本上，焦循承襲了戴震思想理路，批評講求超越、先

---

39 梁啓超：《清代學術概論》（臺北：臺灣商務印書館，1993 年），頁 52-61。按：姜廣輝亦以爲真正能夠以「漢學」自標榜者，只有吳派。參見氏著：〈乾嘉漢學再評價 —— 兼評方東樹對漢學的回應〉，《哲學研究》，1994年第 12 期，頁 46-52、31。該文亦收於氏著：《走出理學 —— 清代思想發展的內在理路》，頁 82-95。

40 焦循盛譽戴震及其《孟子字義疏證》的內容頗多，請參焦循：〈讀書三十二贊・孟子字義疏證〉、〈申戴〉、〈國史儒林文苑傳議〉、〈寄朱休承學士書〉、〈論語通釋自序〉，《雕菰集》（臺北：鼎文書局，1977年），卷 6，頁 85；卷 7，頁 95；卷 12，頁 184-185；卷 13，頁 203；卷 16，頁 267。

天義理的程朱理學爲空虛、「如風如影」[41]，甚至強調理義
是建立在人我之欲、人我之情共通共同的基礎上[42]，進而認
爲將群體生養之欲的滿足、情感過與不及的節制與疏通，落
實於人倫日用的行事，宜言「禮」而非「理」；又痛陳以「理」
相爭之害，提出「治天下則以禮，不以理也」、「禮讓理爭」、
「理足以啓爭，而禮足以止爭」的說法[43]，此皆可看出戴學
義理系統的延續及發展之跡。再者，呈顯在治學方法上，焦
循曾有言：

> 訓詁聲音，經之門戶，不通聲音，不知訓詁。訓詁不
> 知，大道乃沮。

> 訓故明乃能識義、文、周、孔之義理。[44]

由訓詁以通經以明聖賢義理的主張，不僅與惠、戴二氏
同出一轍，且同時也是絕大多數乾嘉治學者的共同範式。當
然，除此之外，從氣化流行的觀點出發，義理即於經驗世界

---

41 焦循：〈冬日雜吟〉、〈讀書三十二贊·孟子字義疏證〉、〈王處士篆
周易解序〉，《雕菰集》，卷 3，頁 39；卷 6，頁 85；卷 15，頁 243。

42 參見焦循〈格物解一〉至〈格物解三〉、〈一以貫之解〉等，《雕菰集》，
卷 9，頁 131-134；亦可見氏著：〈釋一貫忠恕〉，《論語通釋》（收於
《木犀軒叢書》，光緒年間李盛鐸刊行，中央研究院傅斯年圖書館藏），
頁 3 上-3 下。

43 焦循：〈理說〉、〈答汪孝嬰問師道書〉、〈群經補疏自序·毛詩鄭箋〉，
《雕菰集》，卷 10，頁 151；卷 14，頁 226；卷 16，頁 272。又關於焦
循對心性、人情人欲之論，請參氏著〈性善解一〉至〈性善解五〉等，
《雕菰集》，卷 9，頁 127-129。

44 焦循：〈讀書三十二贊·廣雅疏證、經義述聞〉、〈寄朱休承學士書〉，
《雕菰集》，卷 6，頁 88；卷 13，頁 203。

中呈顯，而經驗世界將隨時空而變，那麼義理必隨之而表現出不同的樣貌；在此理路下，焦循提出「因乎時」的治經之則：

> 循謂經學之道，亦因乎時。漢初，值秦廢書，儒者各持其師之學，守之既久，必會而通，故鄭氏注經，多違舊說。有明三百年來，率以八股為業，漢儒舊說，束諸高閣。國初，經學萌芽，以漸而大備，近時數十年來，江南千餘里中，雖幼學鄙儒，無不知有許、鄭者，所患習為虛聲，不能深造而有得。[45]

　　焦循認為在漢初、明代、清初等不同的學術環境下，經學研究的方法及趨向亦將各有差別；換言之，固守、拘執於任何一時代或一學家之說必將產生流弊，因時勢而行，才是掌握大道的原則。故而在焦氏的著作中屢屢斥責「執一」，表示「聖人神通變化，不執於一」、「好信不好學，則執一而不知變通，遂至於賊道」、「執己則自專自用，執古則生今反古，皆為執一而害道」[46]；又有大量趨時的相關論述，且言「聖人之道，日新而不已」、「聖賢之學，以日新為要」[47]；同時更進一步主張「通變之學」：

45　焦循：〈與劉端臨教論書〉，《雕菰集》，卷 13，頁 215。
46　焦循：《孟子正義‧公孫丑章句上》（臺北：文津出版社，1988 年），上冊，卷 6，「詖辭知其所蔽」條，頁 211；〈告子章句下〉，下冊，卷 25，「論語曰自古皆有死」條，頁 860；〈釋學〉，《論語通釋》，頁 15 上。
47　焦循：〈述難一〉，《雕菰集》，卷 7，頁 103；《里堂家訓》，收於《叢書集成續編》第 96 冊（光緒 11 年刊本），卷下，頁 669。

> 井田封建，聖人所制也，而後世遂不可行，則聖人之
> 言且不定也。故有定於一時，而不能定於萬世者；有
> 定於此地，而不能定於彼地者；有定於一人，而不能
> 定於人人者。此聖人所以重通變之學也。[48]

　　焦循藉由井田制度爲例，說明即便是聖人所訂定的典章
制度，在時、地、人不同的背景下也將會出現不切合的情形，
由此突顯出因時而變的必要性。反映於治經方式，焦氏言：

> 古學未興，道在存其學；古學大興，道在求其通。前
> 之弊，患乎不學；後之弊，患乎不思。證之以實，而
> 運之於虛，庶幾學經之道也。
>
> 故學經者，博覽眾說而自得其性靈，上也；執於一家
> 而私之以廢百家，惟陳言之先入而不能自出其性靈，
> 下也。[49]

　　從這兩段引文中，可知焦氏所論研治經學的主張，一是
「證之以實」、「運之於虛」；一是「博覽眾說而自得性靈」。
其中，「證之以實」與「博覽眾說」指的是廣蒐博考文獻材
料[50]，並就典籍的詞句進行訓故、釐析等工夫，屬於客觀的

---

48 焦循：〈說定下〉，《雕菰集》，卷 10，頁 150。
49 焦循：〈與劉端臨教諭書〉，《雕菰集》，卷 13，頁 215；《里堂家訓》，
　卷下，頁 670。
50 焦循〈與孫淵如觀察論考據著作書〉言：「經學者，以經文爲主，以百
　家、子、史、天文、算術、陰陽、五行、六書等爲之輔。」參見氏著：
　《雕菰集》，卷 13，頁 213。

考究工作；是故，焦氏在經典的詮解上極力反對以注爲經、拘執傳注的方式：

> 夫融會經之全文，以求經之義，不爲傳注所拘牽，此誠經學之大要也。[51]

再看：

> 學經之法不可以注爲經，不可以注爲疏。孔穎達、賈公彥之流所釋毛、鄭；孔安國、王弼、杜預之注，未必即得其本意。執疏以說注，豈遂得乎？必細推注者之本意，不啻入其肺腑而探其神液。余嘗究孔穎達《毛詩正義》，其闡發傳箋之同異，往往以同者爲異，異者爲同，而毛鄭之本意未能各還其趣也。……余故曰：不可以疏爲注也。儒者說經言人人殊，學者熟復經之本文，引申而比例之。高郵王念孫先生解「終風且暴」而例之以「終和且平」、「終窶且貧」，知「終風」當解作「既風」，如是說《詩》，《詩》無不達之詁。……故曰：不可以注爲經也。[52]

按上述所論焦氏「因乎時」、「通變之學」的觀點，實不難理解其所言「不爲傳注所拘牽」、「不可以注爲經」、

---

51 焦循：〈代阮撫軍作喪服足徵錄序〉，《雕菰集》，卷 15，頁 241。
52 焦循：〈里堂家訓〉，卷下，頁 670。按：本段文字亦見於焦循之子焦廷琥所撰〈先府君事略〉，收於《叢書集成三編》第 86 冊（臺北：新文豐出版公司，1997 年），頁 19，惟文字略異。

「不可以注爲疏」的用意，因爲這不但忽視了時勢的趨向，
同時亦可能在執守注疏的原則下反而出現經文本義理解的謬
誤。他對於經文訓釋上著重的是本經的探求，透過經文的整
理、歸納及比較後得出解詁通則，此即所謂的「引申而比例
之」，這是焦氏在疏通經文上所再三強調之蹊徑。

　　至於「運之於虛」、「自得性靈」則是抽象的運思工夫，
亦即以主觀的心知認同作爲義理價值判斷、取決的標準。[53]當
然，無論是客觀的考究或主觀的心知擇取，都是治經過程中
不可偏廢的。焦循論治經歷程言：

> 彙而通之，析而辨之，求其訓故，核其制度，明其道
> 義，得聖賢立言之指　以正立身經世之法；以己之性
> 靈，合諸古聖之性靈，並貫通於千百家著書立言者之
> 性靈。[54]

---

53 焦循所謂的「性靈」，實即其性善論中最爲關鍵的部分 —— 心知的作用。
這與當時文壇中所倡言的文學理論「性靈說」之意涵頗不同。按焦氏《尚
書補疏》中「惟我周王，靈承于旅」條下言：「《書》於善多稱靈，靈
則能變化，故惟人性能轉，則爲性善，性善即性靈也。」又氏著《孟子
正義》中「孟子道性善言必稱堯舜」條下言：「〈繫辭傳〉云：『以通
神明之德，以類萬物之情。』神明之德，即所謂性善也，善即靈也，靈
即神明也。」《雕菰集》中〈性善解三〉：「性何以善，能知故善。」
足見焦循將人能「知」的作用稱爲「神明之德」，以「能知故善」一語
總括人性之善的證成；故而「能知」即「神明」（或謂「神明之德」）
即「靈」，亦即性善。參見焦循：《尚書補疏》，收於《皇清經解》第
32 冊（臺北：復興書局，1961 年），卷 1150，頁 12；《孟子正義·滕
文公章句上》，上冊，卷 10，頁 317；《雕菰集》，卷 9，頁 127。相關
討論，亦可參見李貴生：〈論焦循性靈說及其與經學、文學之關係〉，
《漢學研究》，第 19 卷第 2 期（2001 年 12 月），頁 375-398。
54 焦循：〈與孫淵如觀察論考據著作書〉，《雕菰集》，卷 13，頁 213。

　　這裡的彙通、析辨、訓故、考核等即是「証之以實」、「博覽眾說」的工夫，這是大多數乾嘉學者甚或是一般儒者治學的共同原則，自不待言；而「以己之性靈，合諸古聖之性靈」，進而貫通「千百家著書立言者之性靈」，則是心知的抽象思辨。依此，可看出焦循治經問學的主張實延續、發展了戴學，尤其強調個人心知體悟的重要性，如言：「依經文而用己之意以體會其細微，則精而兼實」、「力學之久，積疑成斷，了然有得於心，以補正前人之缺與誤，此學經者所不可廢也」、「心之所同然者何也？謂理也，義也；理為條理，義為事宜，其端千變萬化，非思之無以得其所同，得其所同則一貫矣」。[55]這樣的觀點在焦氏著作中屢見不鮮，並認為執守一說「最為可憎」[56]；推至極致，他甚至言：

> 夫人各有性靈，各有才智，我之所知，不必勝乎人，人之所知，不必同乎己。惟罄我之才智，以發我之樞機，不軌乎孔子可也。存其言於天下後世，以俟後之人參考而論定焉。[57]

　　這裡的「不軌乎孔子可也」，說明了焦循在治經上除要求必須以博覽實證為基礎之外，更清楚地應有屬於自己的創見以留予後人評斷。這一力主必須「自得性靈」的闡發，成

55　焦循：〈與王欽萊論文書〉、〈代阮侍郎撰萬氏經學五書〉，《雕菰集》，卷14，頁233；卷15，頁239；〈釋聖〉，《論語通釋》，頁12下。

56　焦循：《里堂家訓》，卷下，頁670。

57　焦循：〈說矜〉，《雕菰集》，卷10，頁150。

爲焦循治經的最大特點，不但落實於自身研治經學上[58]，同時亦充分展現在對乾嘉經學研究的評議。

　　焦循將當時經學研究著作分成五種，即通核、據守、校讎、摭拾、叢綴，過去即有不少學者已論及，而本文所關注的則是在焦氏闡述各類特色及弊端後，言：

> 　　五者兼之則相濟，學者或見其一，而外其餘，余患其見之不廣也，於是乎辨。[59]

　　顯然，這五種治經方式各爲治經之一環，在理想的治經態度應是五者相通並濟的前提下，焦氏對於治學者「或見其一，而外其餘」的偏狹之見，自然有所批判及辯駁：一是反對以「考據」一詞概括治經；一是抨擊以「漢學」作爲乾嘉學術之稱。

　　關於反對以「考據」一詞概括治經，焦循首論在儒家治經傳統中並無「考據」一詞。焦循曾致書孫星衍（1753-1818）表達對於孫星衍力鋤袁枚（1716-1798）所言「著作」勝於「考據」之謬說[60]，能夠彰揚聖學，可媲美孟子（前371-前289），

58　參見本書第三章〈焦循的《論語》詮釋〉。
59　焦循：〈辨學〉，《雕菰集》，卷8，頁109。
60　袁枚將書籍分爲「資著作者」與「備參考者」，又言「著作者如大匠造屋，常精思于明堂奧區之結構，而木屑竹頭非所計也；考據者如計吏持籌，必取證于質劑契約之紛繁，而圭撮毫釐所必爭也。……然而一主創，一主因；一憑虛而靈，一核實而滯；一恥言蹈襲，一專事依傍；一類勞心，一類勞力。二者相較，著作勝矣。且先有著作而後有書，先有書而後有考據。」參見氏著，周本淳標校：〈散書後記〉，《小倉山房詩文集・續文集》（上海：上海古籍出版社，2006年二刷），第4冊，總頁1777。孫星衍駁斥袁枚之見，言：「來書惜侍以驚采絕豔之才爲考據之

然孫氏認爲「著作」與「考據」並沒有不同，焦循則另有異議：

> 循謂仲尼之門，見諸行事者，曰德行，曰言語，曰政
> 事，見諸著述者，曰文學。自周秦以至於漢，均謂之
> 學，或謂之經學。漢時各傳其經，即各名其學……無
> 所謂考據也。……趙宋以下，經學一出臆斷，古學幾
> 亡，於是爲詞章者，亦徒以空衍爲事，並經之皮毛亦
> 漸至於盡，殊可閔也。王伯厚之徒，習而惡之，稍稍
> 尋究古說，撦拾舊聞，此風既起，轉相仿效，而天下
> 乃有補苴掇拾之學。此學視以空論爲文者，有似此粗
> 而彼精，不知起自何人，強以考據名之。[61]

焦循指出「考據」一詞乃出於宋代從事「尋究古說，撦
拾舊聞」工夫所興起的「補苴掇拾之學」，並非傳統儒門治
學疇域；同時，焦循又細數諸位經學大家包括顧炎武、胡渭
（1633-1714）、閻若璩（1636-1704）、戴震、程瑤田
（1725-1814）、段玉裁（1735-1815）、王念孫（1744-1832）、
錢大昕等人之學「均異乎補苴掇拾者之所爲，是直當以經學

學，因言形上謂之道，著作是也；形下爲之器，考據是也。侍推閣下之
意，蓋以鈔撦故實爲考據，抒寫性靈爲著作耳，然非經之所謂道與器也。
道者謂陰陽柔剛仁義之道，器者謂卦爻象象載道之文，是著作亦器
也。……來書又以聖作爲考據，明述爲著作，侍亦未以爲然。古人重考
據甚于重著作，又不分爲二。……是古人之著作即其考據，奈何閣下欲
分而二之？」參見氏著，駢宇騫點校：〈答袁簡齋前輩書〉，《問字堂
集》（北京：中華書局，1996年），卷4，頁90-91。按該文後附錄袁枚
答書，袁氏言：「如再有一字爭考據者，請罰清酒三升，飛遞於三千里
之外，何如？」頁93。

61 焦循：〈與孫淵如觀察論考據著作書〉，《雕菰集》，卷13，頁212-214。

名之，烏得以不典之稱之所謂『考據』者，混目於其閒乎？」[62]同樣主張亦見於焦循致書劉台拱（1751-1805）中：

> 蓋儒者束髮學經，長而遊於膠庠，以至登鄉薦，入詞館，無不由於經者。既業於經，自不得不深其學於經，或精或否，皆謂之學經，何考據之云然？[63]

　　事實上，焦循並不否認治經過程中「補苴掇拾」的考據工夫有其一定的存在價值，[64]只是研治經學最重要的是在於「用己之意以體會其細微」、「了然有得於心」（見前引），絕非僅止於考據而已。因此在他看來，自古本無將治經工夫稱爲考據之例，故而反對使用「考據」一詞以論經學。再者，對於當時從事補苴掇拾之學的考據學者專奉漢儒許慎（30-124）、鄭玄（127-200）二人之說爲圭臬，更是其所深惡者：

> 近之學者無端而立一考據之名，群起而趨之，所據者漢儒，而漢儒中所據者又唯鄭康成、許叔重，執一害道，莫此爲甚。許氏作《說文解字》博采眾家、兼收異說；鄭氏宗《毛詩》往往易傳，注《三禮》列鄭大

---

62 焦循：〈與孫淵如觀察論考據著作書〉，卷 13，頁 214。
63 焦循：〈與劉端臨教諭書〉，《雕菰集》，卷 13，頁 215。
64 按前引文焦循將經學研究著作分爲五種，其中即包括「掇拾」、「叢綴」二項，便可見其仍將考據視爲治經的工夫之一；且亦曾言：「自有考據之目，依而附之者有二：一曰本子之學，……一曰拾骨之學。……本子、拾骨之學，非不可爲，特非經學之盡境耳。」參見氏著：〈里堂家訓〉，卷下，頁 671。

夫杜子春之說於前，而以玄謂按之於後，《易》辨爻辰，《書》採地說，未嘗據一說也。……近之學者專執兩君之言以廢眾家，或比許、鄭而同之，自擅為考據之學，余深惡之也。

近之學者詭號窮經，執許叔重之賸句、拾鄭康成之殘唾，於是詩古文詞無不以為緣飾，甚至雜取子、史不切語摻入時文，鶉結百衲，充為藻袞，於時文之體既叛，而經、史、子、集之部亦各失所歸。[65]

又致書王引之（1766-1834）痛斥「考據」：

學問之道在體悟，不在拘執。……為學之士自立一考據名目，以時代言，則唐必勝宋，漢必勝唐；以先儒言，則賈、孔必勝程、朱，許、鄭必勝賈、孔。凡鄭、許一言一字，皆奉為圭璧，而不敢稍加疑辭。竊謂：此風日熾，非失之愚，即失之偽。……循每欲芟此考據之目，以絕門戶聲氣之習。[66]

　　上述三段引文，顯見焦循對治經拘守一時代、一家之言的嚴厲抨擊。焦氏指出，考據學家所執拘的許慎、鄭玄於問學治經時乃「博采眾家、兼收異說」，亦未曾拘守一說，而這些據守者不但不察，只能撿拾許、鄭賸句殘唾，不敢稍有

65　焦循：《里堂家訓》，卷下，頁 670-671；673。
66　焦循：〈焦循致王引之書（　·　）〉，收於賴貴三編著：《昭代經師手簡箋釋》（臺北：里仁書局，1999 年），頁 201。

任何遲疑，此種蔚爲風尙的治經規範，必「失之愚」或「失之僞」，並痛斥爲「執一害道，莫此爲甚」。

　　關於抨擊以「漢學」作爲乾嘉學術之稱，則是反對以「考據」概括治經的延續。由於當時考據者專主漢代說經之文，「漢學」已蔚爲主流，焦循深表不滿：

> 近之學者以考據名家，斷以漢學，唐、宋以後屛而棄之。其同一漢儒也，則以許叔重、鄭康成爲斷，據其一說以廢衆說。……蓋必據鄭以屛其餘，與必別有所據以屛鄭，皆據也，皆非聖人一貫忠恕之指也。

> 朱子之徒，道學爲門戶，盡屛古學，非也；近世考據之家，唯漢儒是師，宋、元說經，棄之如糞土，亦非也。自我而上溯之：漢，古也；宋，亦古也。自經下而衡之：宋，後也；漢，亦後也。唯自經論經，自漢論漢，自宋論宋……抑且自鄭論鄭，自朱論朱，各得其意，而以我之精神血氣臨之，斯可也，何考據云乎哉？[67]

　　無論是以道學爲門戶，盡棄古學的「朱子之徒」；或者是獨尊漢儒，棄宋、元說經如糞土的「考據之家」，對焦循而言，這種偏執之見、劃分門戶，均非正確的治經之道。唯有「自經論經」，回復各代經學、各經學家原貌及意旨，在此基礎上，提出自己的見解，亦即所謂「以我之精神血氣臨

---

67 焦循：〈釋據〉，《論語通釋》，頁 28 上-30 上；《里堂家訓》，卷下，頁 672。

之」，如此才是理想的治經模式。再看：

> 學者詘於人，輒曰：吾述乎爾。問其何為乎述？則曰：
> 學孔子也。孔子所謂「克己復禮為仁」、「善人為邦
> 百年」，皆古語……然則所述奈何？則曰：漢學也。
> 嗚乎！漢之去孔子，幾何歲矣；漢之去今，又幾何歲
> 矣。學者，學孔子者也。學漢人之學者，以漢人能述
> 孔子也，乃舍孔子而述漢儒，漢儒之學，果即孔子否
> 邪？……學者述孔子而持漢人之言，惟漢是求，而不
> 求其是，於是拘於傳注，往往扞格於經文，是所述者
> 漢儒也，非孔子也。而究之漢人之言，亦晦而不能明，
> 則亦第持其言，而未通其義也，則亦未足為述也。且
> 夫唐、宋以後之人，亦述孔子者也，持漢學者，或屏
> 之不使犯諸目，則唐、宋人之述孔子，詎無一足徵者
> 乎？學者或知其言之足徵，而取之又必深諱其姓名，
> 以其為唐、宋以後之人，一若稱其名，遂有礙乎其為
> 漢學者也。[68]

　　焦循的這段論述，道出了清人尊崇漢人之學卻失去了尊
崇漢學的初始之意；「拘於傳注」、「扞格於經文」的結果，
不僅無法探得孔子之學，亦晦於漢人治經大義。這種拘限於
漢人經說而諱言其他各時代經解的模式，流弊的產生已無法
避免。如焦循於嘉慶壬戌年（1802）述及考辨「古三江之說」
的過程，指出當時學者惟「鄭玄」之名為尊，不辨其書是非

---

68 焦循：〈述難四〉，《雕菰集》，卷7，頁104-105。

真僞，致使以贋爲真，甚至「拘守僞文，轉強真文以謬與之合」，感慨言：「鄭氏之本義汨沒於尊鄭之人，使鄭氏受不白之枉，伊誰之咎耶？」[69]看來，焦循並非訾議漢人經說，且亦曾推崇被當時尊漢的清儒視爲權威的鄭玄爲「通儒」、「不執一」，經注貫通西漢拘守之法、「炳如日星」[70]；相較於採「執一」立場的清儒之謬，足見焦氏只是反對解經專據一家之言而昧於心知的運作、省察，因此焦氏解《詩》時即表示「毛、鄭有非者，則辨正之，不敢執一以廢百也。」[71]

更進一步而言，焦循所詆訶的「漢學」，不僅止於其治經流弊而已；對於尊信漢儒、「綴次古義，鮮下己見」[72]的惠棟，亦頗有異議。惠棟作《九經古義》以《論語》之「述而不作」置於全書卷尾，言：

> 夫子言「述而不作」，信哉。「鄉黨」一書，半是禮經：「堯曰」數章，全書訓典；論君臣雖人言不廢；言恆德則南國有人；於善人爲邦，則曰「誠哉是言」；於隱居行義，則曰「吾聞其語」；素絢、唐棣，逸詩可誦；百官冢宰，逸典可稽；「出門如見大賓，使民如承大祭」，此胥臣多聞之所述也；「視其所以，觀

69 焦循：〈禹貢鄭注釋自序〉，《雕菰集》，卷16，頁265。
70 焦循：〈攻乎異端解上〉、〈復江艮庭處士書〉，《雕菰集》，卷9，頁136；卷14，頁219。又如〈代阮侍郎撰萬氏經學五書序〉云：「西漢經學初興，各承師說；東漢鄭康成出，於杜子春、鄭大夫諸注之外，折以己說，而經賴以明。」參見氏著：《雕菰集》，卷15，頁239。
71 焦循：〈毛詩鳥獸草木蟲魚釋自序〉，《雕菰集》，卷16，頁267。
72 章炳麟〈清儒第十二〉言惠棟及其弟子江聲、余蕭客等人治經「大共篤於尊信，綴次古義，鮮下己見。」參見氏著：《訄書 初刻本 重刻本》，頁158。

其所由，察其所安」，此〈文王官人〉之所記也；「克
己復禮為仁」，《左氏》以為古志；「己所不欲，勿
施於人」，《管子》以為古語；「參分天下而有其二」，
《周志》之遺文也；「陳力就列，不能者止」，周任
之遺言也。推此言之，聖人豈空作耶？但經傳散佚，
不能一一舉之耳。[73]

　　惠棟說明孔子（前551-前479）「述而不作」的情形，
輯錄了「鄉黨」、「堯曰」、「出門如見大賓，使民如承大
祭」等十餘例以溯其源，有學者即指出惠氏如此綜述《論語》
中的古語遺文，凸顯孔子學問言談中「述」的部分，用以形
塑聖人學術典型，實即表詮自身問學正以此為效法對象。[74]而
焦循亦就「述而不作」進行詮解，除上段引文中指出學者自
詡於師法孔子之「述」，然則實際上卻是述「漢學」，並質
疑「漢儒之學果即孔子否邪」，直指拘守漢儒之非；另又分
疏「作」與「述」之義：前者是將未知未覺的事理使天下人
共知共覺，後者則是能損益事理或使久而不明的事理復明於
天下，而由於孔子生於所「作」已完備的伏羲、神農、堯、
舜之後，因此「從而明之，使古聖人之教，續延於萬世」，
這是孔子「述」的原因與功績，換言之，孔子「非不作也，
時不必作也」，強調「作」與「述」並無差別，只在於「各

---

73 惠棟：〈論語古義〉，《九經古義》，收於《叢書集成新編》第10冊（臺
　　北：新文豐出版社，1984年），卷16，頁208。
74 張素卿：〈「經之義存乎訓」的解釋觀念——惠棟經學管窺〉，收於《乾
　　嘉學者的義理學》，總頁306-307。

當其時」而已[75]；再者，更重要的是焦循認爲「述」絕非只是如惠棟所輯錄、條列、複誦古人之言：

> 述其人之言，必得其人之心；述其人之心，必得其人之道。學者以己之心，為己之道，以己之道，為古人之言，曰：「吾述也。」是托也，非述也。學者不以己之心，求古人之言，朝夕於古人之言，而莫知古人之心，而曰：「吾述也。」是誦也，是寫也，誦、寫非述也。……然則述也者，述其義也，述其志也。不以志而持其言，有不可通，則曰：古人如是說也；有不善，則曰：吾有所受之也。古人所望於後人者，固如是乎哉？[76]

如果沒能確切地掌握論述者的義理思想，只憑一己之意引述古人之言，或只泥守古人論述之一字一句，在焦循看來，應是「托」、是「誦」、是「寫」，而非「述」。也就是說，所謂的「述」，主要乃述古人心志、古人義理。焦循對此十分重視，曾再三致意，又謂：

> 學者述人，必先究悉乎萬物之性，通乎天下之志，一事一物，其條理縷析分別，不窒不泥，然後各如其所得，乃能道其所長，且亦不敢苟也。其人著撰雖千卷之多，必句誦字索，不厭其煩，雖一言之少，必推求遠思，不忽其略，得其要，挹其精，……善述者存仁

---

75 焦循：〈述難二〉，《雕菰集》，卷7，頁103。
76 焦循：〈述難一〉，《雕菰集》，卷7，頁102-103。

之心，故重乎述也；不善述者，拂人之長，引而歸於
己之所知。好惡本歧，去取寡當。繪人者嫌眇而著瞭，
惡僂而形直，美則美矣，而非其人矣；或曰：著其眇，
形其僂，遂肖其人乎？夫徒著其眇，形其僂，而不肖
其人。然則善述者，固不在眇不眇、僂不僂也。[77]

對於闡述古人之言，首先必有其義理思想爲基礎，然後
再就論述者之字句文章加以梳理分析，以抉發其志意，否則
只依各人好惡選擇誦述古人之言，正如同畫者在繪摹人像
時，對於眇者僂者形象的顯隱與否，無論過與不及，均非真
正呈現其形貌的關鍵；善述者所關注的亦不在於詞句的去
取，而是古聖賢者義理的闡明。依此看來，焦循所論的「述
而不作」，斷非古語的輯錄條列，其中包含了趨時的意涵，
更強調了古語背後義理闡述的必要性。綜上所論，雖然焦循
在這幾篇關於「述而不作」的討論中並沒有明言其鍼砭的對
象，但對照於惠棟所釋的「述而不作」，其中的意圖隱然若
現；若再加上焦氏反對「考據」、抨擊「漢學」等內容來看，
那麼其強烈的針對性便不言而喻了。

四、結　語

細繹焦循對於乾嘉漢學的評議，可知焦氏所詆訐的並不
僅止於「純乎漢儒古訓」蔚爲風尚後的弊端而已，實更措意
於這些名物訓詁工夫被彰顯、放大之後，幾乎被視爲乾嘉學

---

77 焦循：〈述難五〉，《雕菰集》，卷 7，頁 106。

術的全部內涵，反而至爲關鍵的心知思辨、擇取作用並沒有
受到應有的重視，如此一來，這種看似純究外在經驗世界探
究的學術，其存在的意義與價值必將迅速地遭致挑戰，這恐
怕才是焦循亟欲糾挽的部分；同時，也可說是焦循在乾嘉漢
學發皇時便已察覺其所將面臨的困境。但是，焦氏的訴求在
當時似乎未能撼動已然成形的主流學風，在其倡言反對以「考
據」盡治經工夫、掊擊「漢學」以概一切學術的十餘年後，
江藩編纂《漢學師承記》一書[78]刻意以「漢學」標題，便足以
說明焦氏對乾嘉漢學的評議並沒有立即得到迴響。反而是在
江書完成之後，對於「漢學」一詞持反對意見者陸續出現[79]，
其中最爲著名的是龔自珍（1792-1841）於江書刊刻前致函江
藩，對於其書稱《漢學師承記》名目提出了「十不安」，直
指名爲「漢學」之不妥，其中有言：

> 本朝自有學，非漢學。有漢人稍開門徑，而近加邃密
> 者；有漢人未開之門徑，謂之漢學，不甚甘心。……
> 若以漢與宋爲對峙，尤非大方之言，漢人何嘗不談性
> 道？……宋人何嘗不談名物訓詁？……近有一類
> 人，以名物訓詁爲盡聖人之道，經師收之，人師擯之，
> 不忍深論，以詆漢人，漢人不受。……本朝別有絕特
> 之士，涵詠白文，刜獲于經，非漢非宋，亦惟其事而

---

78 焦循致書孫星衍、王引之倡言反考據、漢學，分別於乾隆 60 年（1795）、
嘉慶 3 年（1798），江藩則於嘉慶 16 年（1811）之前完成《漢學師承記》，
並於嘉慶 23 年（1818）於廣州刊刻。
79 周予同即列舉出龔自珍、伍崇曜、皮錫瑞、葉德輝等人批判性的回應。
參見周予同選註：《漢學師承記》（香港：商務印書館，1964 年重版），
序言，頁 42-44。

已矣。[80]

　　龔自珍一方面指出乾嘉學術與漢人之學本有區別,表達反對江氏之書標舉「漢學」的門戶之見;另一方面以為名物訓詁工夫實無法涵括聖人之道,這是於漢、於宋盡然的原則。雖然江藩纂述《漢學師承記》的目的本在於區別漢、宋之學,自然也就沒有採納龔氏的改名「經學師承記」的建議,但龔氏的觀點,實即呼應了焦循的部分主張。

　　最後,必須說明的是,焦循對乾嘉漢學的訾議與力主宋學且標舉朱子(1130-1200)立場的姚鼐(1731-1815)、翁方綱(1733-1818)以及代表人物方東樹所作《漢學商兌》反乾嘉漢學之間的差異。在《漢學商兌》內容中不只詰難乾嘉漢學家的治學方法,更有大量攻駁戴震義理的論述[81],甚至對於沒有納入《漢學師承記》、且強烈批評考據的焦循也提出不少攻擊,可知方東樹所論的「漢學」實已非如焦循所專指的惠棟一派,而是用以代稱整個乾嘉學術了。再者,方氏之所以反乾嘉漢學(按:依方氏之見,即乾嘉學術),從其痛斥漢學「專與宋儒為水火⋯⋯名為治經,實足以亂經;名為衛道,實則畔道」[82]、嘲諷乾嘉漢學者「欲問周鼎」[83]可看出主要是在於捍衛宋學在儒家傳承道統的地位,這與焦循亟欲扭轉當時治經工夫疏失的企圖有著顯著的差別。而對於乾

80 龔自珍:〈附江子屏箋〉,《龔定盦全集類編》(臺北:世界書局,1960年),卷7,頁211-212。

81 請參本書第一章〈方東樹反乾嘉漢學之探析〉。

82 方東樹:〈漢學商兌序例〉,《漢學商兌》(收於江藩、方東樹:《漢學師承記(外二種)》),總頁235。

83 方東樹:〈漢學商兌重序〉,《漢學商兌》,總頁411-412。

嘉義理學家屛棄程朱理學，意圖跨越宋明儒者且上承孟子感
到憤懣不安的方東樹，恰足以證明義理思想才是一學術價値
與否關鍵，這一見解似乎正與焦循不謀而合。

第三章 焦循的論語詮釋

一、前 言

探究清代乾嘉時期（1736-1820）學術，除了傳統的經籍訓詁考證等相關研究之外，義理思想的討論也已有豐碩的成果，其中不僅指出清代儒學自有異於宋明理學的思想型態，同時亦蘊含了中國近代思想發展的線索。而這個有別於程朱、陸王義理的思想型態，往往透過重新梳理、詮釋儒家經典文本中體現出來，戴震（1723-1777）作《孟子字義疏証》即是最顯明的例子，其對於理、道、性、情等範疇的詮釋、及對宋明理學的批判，實充分展現了一思想體系建構的完成以及欲取代宋明理學在儒門道統地位的意圖。繼之而起的焦循（1763-1820）不但延續了戴氏的義理主張，同時有更進一步的張揚。

一般論及焦循學術成就，最受矚目的是《易》學三書（《易通釋》、《易圖略》、《易章句》），其次則是《孟子正義》；至於同是發揮哲理思想的《論語通釋》、《論語補疏》則受到的關注相對較少，多半於綜論焦循思想時有零星的討論，如錢穆《中國近三百年學術史》[1]、張舜徽《清代揚州學記》

---

1 錢穆：《中國近三百年學術史》（臺北：臺灣商務印書館，1995 年台二

²、陳居淵《焦循阮元評傳》³等；再者，則是研究《論語》
學史中亦有述及，如日本學者松川健仁主編《論語思想史》⁴、
柳宏《清代論語詮釋史論》⁵；專就焦循《論語》學研究者，
則有何澤恆〈焦循論語學析論〉⁶、坂出祥伸〈關於焦循的《論
語學通釋》〉⁷、賴貴三〈清儒焦循《論語通釋》與《孟子正
義》學思論述〉⁸。上述這些相關評述及研究，大都以《論語
通釋》爲主要考察對象，指出焦循在「一以貫之」詮釋的創
發，以及對於「異端」的特出理解，並以此抨擊信古崇漢的
考據學之失，進而突顯出焦氏的主張在漢宋之爭中的意義。
此一觀點確實呈顯出焦循思想特色的一個側面，同時亦強化
了其在清代學術發展歷程中應有的地位。本文即是在此一研
究成果上，嘗試提供另一考究焦循《論語》詮釋的思考方向。

　　基本上，本文是從「詮釋性的哲學著作」角度來理解焦
循的《論語》詮釋。換言之，透過經典文本的釋讀所彰顯的

版），下冊，第十章〈焦里堂阮芸臺凌次仲〉，頁 499-579。
2 張舜徽：《清代揚州學記》（武漢：華中師範大學出版社，2005 年），
　第五章〈焦循（附焦廷琥）〉，頁 104-138。
3 陳居淵：《焦循阮元評傳》（南京：南京大學出版社，2006 年），第二
　章〈古經意義的新探索〉，頁 60-124。
4 （日）松川健仁主編，林慶彰等合譯：《論語思想史》（臺北：萬卷樓圖
　書公司，2006 年），收錄（日）水上雅晴著，林慶彰譯：〈焦循《論語
　通釋》 —— 乾嘉期的漢學批判〉，頁 477-494。
5 柳宏：《清代論語詮釋史論》（北京：社會科學文獻出版社，2008 年），
　第四章〈乾嘉時期的論語詮釋：統一與多元之格局〉，頁 115-227。
6 何澤恆：《焦循研究》（臺北：大安出版社，1990 年），頁 89-162。
7 （日）坂出祥伸著，楊菁譯：〈關於焦循的《論語通釋》〉，《中國文哲
　研究通訊》第 10 卷第 2 期（2000 年 6 月），頁 107-118。
8 賴貴三：〈清儒焦循《論語通釋》與《孟子正義》學思論述〉，收於臺灣
　師大文學院、中國經學研究會、孔孟學會主編：《經學論叢》（臺北：洪
　葉文化事業公司，2003 年），頁 140-184。

義理型態，才是本文關注的焦點[9]。過去前賢所論焦循的「一貫」、「異端」詮解，即屬於焦氏思想體系中特有概念的一環，然而更具體而全幅的義理型態，則必須有較多的詮釋內容的探索，尤其較少受到討論的《論語補疏》；另外，必須說明的是焦循思想體系下的《論語》詮釋與「客觀」的《論語》「原初」意義間矛盾的問題。按《論語通釋》初稿撰寫於嘉慶 8 年（1804），此後焦氏陸續完成最著名的《易通釋》、《易圖略》（1813）及《易章句》（1815），至嘉慶 21 年（1816）作《論語補疏》，爾後又於嘉慶 22 年（1817）增廣了《論語通釋》的篇章，修訂了《論語補疏》成定稿。[10]從這撰寫歷程來看，現今所見無論是《論語通釋》或《論語補疏》所呈現的應都是焦循思想體系成熟後之作。從「詮釋性的哲學著作」著眼，在焦氏《論語》詮釋中對於整體論題義理一致、圓融的重視程度顯然高於個別篇章或字句的注解，於是後世論者不免有直指其悖離了客觀文本「原意」的批評：如徐復觀言焦循「一貫」的解釋在文字理路上完全不通[11]；何澤恆評為「趨經文以就義」、「增意釋經」、時而「圓鑿方枘」、

9　在中國哲學史論著中涉及的注釋性著作都可看作「哲學性的詮釋著作」，其中那些有完整體系、有重要地位的思想家的詮釋性作品則可以看作「詮釋性的哲學著作」。亦即「哲學性的詮釋」以經典詮釋為主；「詮釋性的哲學」以建立新的哲學體系為主。後者在中國哲學史上有更重要的地位和意義。請參：劉笑敢：〈經典詮釋與體系建構：中國哲學詮釋傳統的成熟與特點芻議〉，收於李明輝編：《儒家經典詮釋方法》（臺北：喜馬拉雅基金會，2003 年），頁 35-36。

10　關於焦循著述相關紀錄，請參賴貴三：《焦循年譜新編》（臺北：里仁書局，1994 年）。有關《論語通釋》及《論語補疏》篇數、版本考證，請參何澤恆：〈焦循論語學析論〉，《焦循研究》，頁 89-114。

11　徐復觀：〈《論語》「一以貫之」語意的商討〉，收於氏著：《中國思想史論集》（上海：上海書店出版社，2004 年），頁 197-204。

「鉏鋙而難入」[12]等，皆指出焦循這種詮解的困境。誠然，徐、何兩位學者自有支持自己論點的依據；從歷史學、文獻學的角度來看，焦循的《論語》詮釋似乎不盡然可靠。不過，若從思想體系下新構的《論語》詮釋範型研究而言，則焦循這個與宋明儒者觀點差異極大的釋讀，意味著清代義理型態中所自有的意識已然建立，這是極具意義的；再者，按現今詮釋學理論發展成果來看，所謂「客觀的詮釋」似乎有一定的限制，因為「前見」（Vorurteil，prejudice）正是詮釋活動的必然開端，且「理解活動的意義境域」的開放性說明了文本的意義是不可窮盡的，即「理解的每一次實現都可能被認為是被理解東西的一種歷史可能性」[13]，那麼，追求《論語》原初或唯一真實意義恐怕是有待商榷的議題。相對地，每個時代、每一次對《論語》的詮釋、重構思想體系，恰是《論語》新的生命與時代性等豐富意義的體現。

　　本文擬從以下三點進行論述：首先，從乾嘉義理思想發展脈絡為據，說明從戴震為首所形成的義理型態，表現出在本體、心性、工夫論等主張均迥異於朱子學、陽明學所建構的典範，由此指出焦循立足於此一思想基礎上所主張的治經態度與方法；其次，梳理焦循《論語》詮釋的內容及理路，並以朱熹（1130-1200）的《論語集注》為對照，彰顯其觀點

---

12 何澤恆：〈焦循論語學析論〉，《焦循研究》，頁150-162。
13 （德）漢斯-格奧爾格‧加達默爾（Hans-Georg Gadamer）原著，洪漢鼎譯：《真理與方法：哲學詮釋學的基本特徵》（臺北：時報文化出版公司，1993年），第1卷，頁483。另參劉笑敢：〈經典詮釋與體系建構〉，頁55-56；張鼎國：〈「較好的」還是「不同的」理解〉，收於黃俊傑編：《中國經典詮釋傳統（一）通論篇》（臺北：喜馬拉雅基金會，2002年），頁17-25。

的差異；最後，藉由上述討論爲依據，探究焦循在乾嘉義理型態下所展現的《論語》詮釋之意義。

二、乾嘉義理學要旨及焦循治經態度

乾嘉學術範式的形成，除了自有其社會背景等外緣因素之外，若只因乾嘉學者對宋明理學的抨擊而單純地以「反理學」一語概括，恐怕難以考察乾嘉義理的真貌，因爲不論是對朱子學的批判，或是講求援聚群籍、訓詁考證等工夫，這些攻駁或主張的背後，實有一別於程朱、陸王之學的論據與義理。即使有許多乾嘉學者對此一思想體系並沒有完整的論述，以致略顯粗率而散亂，甚或是缺乏自覺性地隨機之言，但基本傾向卻有相當的一致性：即以戴震爲首所主「氣」爲根源的思考進路。此一理論體系，在現代儒學派別研究中已有相當的討論成果[14]。大體來說，從「氣」在其思想體系的位階正如同程朱學派中的「理」或陸王學派中的「心」一樣來看，則這個以「氣」爲根源的思考範式，在儒學思想派別

---

14 關於以氣爲思想根源的研究及論述，請參見劉又銘：〈宋明清氣本論研究的若干問題〉，收於楊儒賓、祝平次編：《儒學的氣論與工夫論》（臺北：臺大出版中心，2005 年），頁 203-246；《理在氣中 —— 羅欽順、王廷相、顧炎武、戴震氣本論研究》（臺北：五南圖書出版公司，2000年）；楊儒賓：〈兩種氣學，兩種儒學〉，《臺灣東亞文明研究學刊》，第 3 卷 2 期（2006 年 12 月），頁 1-39；〈檢證氣學 —— 理學史脈絡下的觀點〉，《漢學研究》，第 25 卷 1 期（2007 年 6 月），頁 247-281。案：本文所論以氣爲根源之思想，係近於劉又銘所論「自然氣本論」、「本色派氣本論」，以及楊儒賓所論「後天型氣學」。這一體系派別自明代中期逐漸建構較完備之思想論述，至清代以戴震、阮元、焦循等人爲代表。

中自應佔有一席之位，這是必然的。[15]

　　在焦循的著作中，雖不見如戴震有明確且直接的氣本主張之論述，但焦氏盛譽戴震乃「世所共仰之通人」[16]，最心服於其《孟子字義疏證》一書[17]，不僅焦氏《論語通釋》之作是參照了《孟子字義疏證》的作法，以闡發義理思想中重要術語意涵爲論述形式；且推崇戴震在理、道、情、性、天、命之訓，析別儒釋之界等論述「如天日」、「至精極妙」[18]，在撰寫《孟子正義》時大量徵引《孟子字義疏證》中的觀點，尤其在述及心性論的相關議題時，更是整段引用以作爲註釋或推論的基礎[19]，顯見在心性論的見解頗受戴氏的影響。依此，呈顯在治學方法上，焦循亦有與戴震相近的主張，如言：「訓詁不知，大道乃沮」[20]，正與戴震所論「訓詁明則古經

---

15 過去一般學者論及明清儒學發展，往往只以程朱、陸王爭勝，考據學盛行等角度述之。「氣學」思想是長期被邊緣化的。近幾十年來則漸受到重視，除前註所引學者之外，又如鄭宗義：〈論儒學中「氣性」一路之建立〉，收於楊儒賓、祝平次編：《儒學的氣論與工夫論》，頁 247-277。案：鄭宗義教授的學術傳承與新儒家宋明理學的關係密切，頗受牟宗三、劉述先二位學者的影響、啓發，但該論文卻一反過去論學思考，不僅認爲「氣性」一路自有其獨特觀點與論據，且亦肯定在儒學中應有其地位。

16 焦循：〈申戴〉，《雕菰集》（臺北：鼎文書局，1977 年），卷 7，頁 95。

17 焦循：〈寄朱休承學士書〉，《雕菰集》，卷 13，頁 203。

18 焦循：〈國史儒林文苑傳議〉，《雕菰集》，卷 12，頁 184-185；《論語通釋・自序》，收於《木犀軒叢書》（光緒年間李盛鐸刊行，中央研究院傅斯年圖書館藏），頁 1 上，此文亦收於《雕菰集》，卷 16，頁 267，惟文字略異。

19 如注釋〈告子章句上〉時，摘錄《孟子字義疏證》中〈性〉條多段，參見《孟子正義》（臺北：文津出版社，1988 年），下冊，卷 22，頁 741-742；752-754；759。

20 焦循：〈讀書三十二贊・廣雅疏證、經義述聞〉、〈寄朱休承學士書〉，《雕菰集》，卷 6，頁 88；卷 13，頁 203。

明，古經明則賢人聖人之理義明」[21]同出一轍，且同時也是絕大多數乾嘉治學者的共同範式。由此亦不難理解焦循對於講求獨立於實體實事之上、具超越意義的「理」或「道」，以及先天完滿心性的程朱理學的批評：

> 儒者崇空虛，聚徒說心性，莠民亦效之，左道干法令。食芹莫食蛭，食蛭生痫病。事儒莫事魔，事魔絕身命。大道若路然，孝弟重百行。烹肉養尊親，殷殷告眾姓。

> 性道之譚，如風如影。

> 今學究之談義理者，起於八股時文，而中於科第爵祿之見。其童而習者，惟知有講章，講章之所引據，則采摘於宋儒語錄，故為是學者，舍宋人一二剩語，遂更無所主，不自知其量，猶沾沾焉假義理之說以自飾其淺陋，及引而置之義理之中，其芒然者如故也。

> 自理、道之說起，人各挾其是非，以逞其血氣。激濁揚清，本非謬戾，而言不本於性情，則聽者厭倦，至於傾軋之不已，而忿毒之相尋，以同圍為黨，即以比為爭……。[22]

---

21 戴震：〈題惠定宇先生授經圖〉，《戴震集·文集》（臺北：里仁書局，1980年），頁214。
22 焦循：〈冬日雜吟〉、〈讀書三十二贊·孟子字義疏證〉、〈王處士纂周易解序〉、〈群經補疏自序·毛詩鄭箋〉，《雕菰集》，卷3，頁39；卷6，頁85；卷15，頁243；卷16，頁272。

　　焦循認爲徒說心性，摘取宋儒語錄的問學方式並非真正的義理之學，甚至將之喻爲「魔」，並且痛陳以宋儒所謂「得於天而具於心」的「理」、「道」相爭之害，正呼應著戴震「以理殺人」之說[23]；姑且不論焦循所批判的「理」、「道」是否確爲宋代理學家所論述的原貌[24]，但對程朱理學大張鼓伐，實是多數乾嘉學者的共同傾向。

　　值得注意的是，即使焦循講究訓詁之用、在訾議程朱理學等觀點上展現出與乾嘉學者相同的樣貌，但對於治經的原則及當時所崇尚「惟漢是求」的學風，焦循則有相當鮮明的態度。首先，關於治經原則，焦循提出了「因乎時」的主張，指出學術環境的不同，將使得研究的方法及趨向有別；強調據守、拘執於某一時代或某一學家之說都是弊病的來源，因必須依勢而行，才是掌握大道的原則。此即焦循屢言「聖人之道，日新而不已」[25]、「聖賢之學，以日新爲要」[26]之意。依此，在焦循的著作中除了有大量趨時的相關討論外，更進

<hr />

23 戴震：〈理〉：「尊者以理責卑，長者以理責幼，貴者以理責賤，雖失，謂之順；卑者、幼者、賤者以理爭之，雖得，謂之逆。於是下之人不能以天下之同情、天下所同欲達之於上；上以理責其下，在下之罪，人人不勝指數。人死於法，猶有憐之者；死於理，其誰憐之？」參見《戴震集・孟子字義疏證》，卷上，頁 275。又〈與某書〉：「後儒不知情之至於纖微無憾，是謂理。而其所謂理者，同於酷吏之所謂法。酷吏以法殺人，後儒以理殺人，浸浸乎舍法而論理死矣，更無可救矣！」參見《戴震集・文集》，卷 9，頁 188。
24 無論是戴震或焦循，其對理學家的詆斥，是否爲個人的曲解，頗有討論空間，如劉玉國：〈戴震理欲觀及其反朱子「存天裡去人欲」平議〉，收於林慶彰、張壽安主編：《乾嘉學者的義理學》（臺北：中央研究院文哲所，2003 年），總頁 365-389。
25 焦循：〈述難一〉，《雕菰集》，卷 7，頁 103。
26 焦循：《里堂家訓》，收於《叢書集成續編》第 96 冊（臺北：新文豐出版公司，1989 年），卷下，頁 669。

而提出所謂的「通變之學」[27]，指出即便是聖人所訂定的典章制度，在不同背景下也將會出現不符時勢的情形，由此強調因時而變的必要性。這是焦循本諸氣化流行中「道」或「理」必隨實體時事的改變而呈現不同樣貌的理路下，進一步的張揚。在此時行、通變的思想前提下，便不難理解焦循在經典的詮解上極力反對以注為經、拘執傳注的方式，因為這不但忽視了時勢的趨向，同時亦可能在執守注疏的原則下反而出現經文本義理解的謬誤。如焦氏曾稱許萬斯大（1633-1683）之學為「以經釋經，不苟同於傳注」，期許浙東後學以此為本，「進求乎聖賢立說之旨」[28]；又言「夫融會經之全文，以求經之義，不為傳注所拘牽，此誠經學之大要也」[29]。對於當時清儒專主漢代說經之文，號為「漢學」的治經方式，焦循深表不滿，如惠棟（1697-1758）重視師承家法，以為漢代去孔子未遠，標榜以漢儒的訓詁之學通經求道，以此嚴判漢、宋之別，這種蔚為風尚的治經規範，在焦循看來，只能視之為漢儒之學，絕非孔子之學；況這些清儒所據執的漢儒僅限於許慎（30-124）、鄭玄（127-200）二人之說，實已受門戶之圍。再者，將當時的經典研究稱之為「考據」，焦氏亦不認同[30]；至於實踐的步驟，則言：[31]

　　古學未興，道在存其學；古學大興，道在求其通。前

27　焦循：〈說定下〉，《雕菰集》，卷 10，頁 150。
28　焦循：〈代阮侍郎撰萬氏經學五書序〉，《雕菰集》，卷 15，頁 239。
29　焦循：〈代阮撫軍作喪服足徵錄序〉，《雕菰集》，卷 15，頁 241。
30　相關討論，請參本書第二章〈焦循對乾嘉漢學之評議〉。
31　焦循：〈與劉端臨教諭書〉，《雕菰集》，卷 13，頁 215；《里堂家訓》，收於《叢書集成續編》，卷下，頁 670。

> 之弊，患乎不學；後之弊，患乎不思。證之以實，而
> 運之於虛，庶幾學經之道也。

> 故學經者，博覽眾說而自得其性靈，上也；執於一家
> 而私之以廢百家，惟陳言之先入而不能自出其性靈，
> 下也。

從這兩段引文中，可知焦氏所論研治經學的主張，一是
「證之以實」、「運之於虛」；一是「博覽眾說而自得性靈」。
其中，「證之以實」與「博覽眾說」指的是就典籍的詞句進
行訓故、釐析等工夫，屬於客觀的考究工作；至於「運之於
虛」、「自得性靈」則是抽象的運思工夫，亦即以主觀的心
知認同作爲義理價值判斷、取決的標準。當然，無論是客觀
的考究或主觀的心知擇取，都是治經過程中不可或缺的。焦
循論治經歷程言：

> 彙而通之，析而辨之，求其訓故，核其制度，明其道
> 義，得聖賢立言之指　以正立身經世之法；以己之性
> 靈，並貫通於千百家著書立言者之性靈。[32]

這裡的彙通、析辨、訓故、考核等即是「証之以實」、
「博覽眾說」的工夫，實爲多數乾嘉學者甚或是一般儒者治
學的共同原則。而「以己之性靈，合諸古聖之性靈」，進而
貫通「千百家著書立言者之性靈」，則屬心知的抽象思辨。

---

32 焦循：〈與孫淵如觀察論考據著作書〉，《雕菰集》，卷 13，頁 213。

依此，可看出焦循治經問學不單只是一種外在經驗領域的探究，內在於人心所本具的悅納德性之能才是治經成德的最終歸結，這一觀點在焦氏著作中屢見不鮮，如言：「依經文而用己之意以體會其細微，則精而兼實」[33]、「力學之久，積疑成斷，了然有得於心，以補正前人之缺與誤，此學經者所不可廢也。」[34]這都是強調個人心知體悟的重要性；又言：[35]

> 說經不能自出其性靈，而執守一之說以自蔽，如人不能自立，投入富貴有勢力之家以為之奴，乃揚揚得意，假主之氣以凌人，其受凌者或又附之，則奴之奴也。既為奴之奴，則主人之堂階戶牖且未嘗窺見，猥曰：吾述而不作也，吾好古敏求也，此類依草附木最為可憎。

這種力主必須「自出其性靈」的闡發，成為焦循治經的最大特點，在焦循的《論語》詮釋中，即已充分的展現。

三、焦循的《論語》詮釋內容

按上述所論焦循思想要旨及其治經態度，則不難理解其在《論語》的詮釋上必然會呈現新的樣貌。以下就焦循《雕菰集》中有關《論語》的討論、《論語通釋》、《論語補疏》中舉出涉及本體論、心性論、工夫論等範疇的內容加以分析；

---

33 焦循：〈與王欽萊論文書〉，《雕菰集》，卷14，頁233。
34 焦循：〈代阮侍郎撰萬氏經學五書〉，《雕菰集》，卷15，頁239。
35 焦循：《里堂家訓》，收於《叢書集成續編》，卷下，頁670。

並以朱子《論語集注》、《朱子語類》中相關論述相互參照，由此突顯焦氏《論語》詮釋理路。[36]

（一）天道在消息盈虛，在恆久不已

> 子貢曰：「夫子之文章，可得而聞也；夫子之言性與天道，不可得而聞也。」
> 【朱注】文章，德之見乎外者，威儀文辭皆是也。性者，人所受之天理；天道者，天理自然之本體，其實一理也。言夫子之文章，日見乎外，固學者所共聞；至於性與天道，則夫子罕言之，而學者有不得聞者。蓋聖門教人不躐等，子貢至是始得聞之，而歎其美也。[37]

朱子所說的「天道」，是完滿至善、先天於萬物的終極本體，亦即天理；而人性即稟受天理而成，要探究天道天理，必須經由涵養用敬、進學致知的工夫，才能豁然貫通，體悟此至善天理；因此，朱子指出本章所彰顯的即是孔門求道次第，不以教人「天道」爲先。換言之，「天道」是最終成德的體悟，是問學窮理所要貫徹的目標。焦循則從氣化流行的觀點而論，認爲所謂的「天道」應是日新不已，隨時勢趨向而變動的，故贊同何晏（？-249）《論語集解》中所注「天道者，元亨日新之道」，貶抑鄭玄（127-200）主吉凶禍福而

---

36 此論述方式，參照劉又銘：〈明清自然氣本論者的論語詮釋〉，《臺灣東亞文明學刊》，第 4 卷第 2 期（2007 年 12 月），頁 107-147。

37 朱熹：《論語集注·公冶長第五》，收於《四書章句集注》（北京：中華書局，2003 年重印），卷 3，頁 79。

言「七政變動之占」的注解，並引《周易》強調「道，即行也；天道猶云天行」，其言：

> 哀公問云：「敢問君子何貴乎天道也？」孔子對曰：
> 「貴其不已，如日月東西相從而不已也，是天道也；
> 不閉其久，是天道也；無為而物成，是天道也；已成
> 而明，是天道也。」孔子言天道在消息盈虛，在恆久
> 不已；在終則有始，在無為而物成；為格物、致知、
> 正心、脩身、齊家、治國、平天下之本，為伏羲、神
> 農、黃帝、堯、舜、文王、周公以來治天下之要，與
> 七政變占迥然不合……鄭氏以此解《論語》，淺之乎
> 觀聖人矣；何氏本「元亨日新」以言天道，識見卓越
> 乎康成。……性與天道不可得而聞，正是教人聞性與
> 天道。[38]

焦循所詮釋的「天道」，著眼於盈虛、終始更迭不已的動態變化，也就是說，「天道」並非先天完滿全幅的獨立於一尊，且無法抽離於形具世界之上而論，只能由典籍文辭中探求，因此言「性與天道不可得而聞」；更進一步來看，此一理路闡發的同時，亦即是揭示了欲明「性與天道」必須就具體實事中考察的道理，故而謂「性與天道不可得而聞，正是教人聞性與天道」。

---

38 焦循：〈夫子之言性與天道〉條，《論語補疏》，收於《皇清經解》第32冊（臺北：復興書局，1961年），卷1164，總頁12366。

（二）一貫者，忠恕也

> 子曰：「參乎！吾道一以貫之。」曾子曰：「唯。」
> 子出，門人問曰：「何謂也？」曾子曰：「夫子之道，
> 忠恕而已矣。」
> 【朱注】盡己之謂忠，推己之謂恕……夫子之一理渾
> 然而泛應曲當，譬則天地之至誠無息，而萬物各得其
> 所也。自此以外，固無餘法，而亦無待於推矣。曾子
> 有見於此而難言之，故借學者盡己、推己之目以著明
> 之，欲人之易曉也。蓋至誠無息者，道之體也，萬殊
> 之所以一本也；萬物各得其所者，道之用也，一本之
> 所以萬殊也。[39]

> 子曰：「賜也，女以予為多學而識之者與？」對曰：
> 「然，非與？」曰：「非也，予一以貫之。」[40]

> 「一以貫之」，猶言以一心應萬事。[41]

> 子貢尋常自知識而入道，故夫子警之曰：汝以予為多
> 學而識者歟？……蓋言吾之多識，不過一理爾。曾子
> 尋常自踐履入，……故夫子警之曰：汝平日之所行
> 者，皆一理耳。惟曾子領略於片言之下，故曰：忠恕

39　朱熹：《論語集注‧里仁第四》，收於《四書章句集注》，卷2，頁72。
40　朱熹：《論語集注‧衛靈公第十五》，收於《四書章句集注》，卷8，頁161。
41　黎靖德編：《朱子語類‧論語九‧里仁下》（北京：中華書局，2004年），第2冊，卷27〈子曰參乎章〉，總頁669。

而已矣。以夫子之道無出於此也。我之所得者忠，誠
即此理，安頓在事物上則為恕。無忠則無恕，蓋本末、
體用也。[42]

朱子對「一貫」的詮釋所呈現的是一本體的論述：首先，
他將孔子的「一以貫之」詮釋為「以一心應萬事」，「一」
即「一心」，即指成聖至善者之心乃「一理渾然」，是萬殊
之「一本」。無論是求知問學或日行踐履之理，都只是萬殊
之理，均統攝於「一理」、「一本」而能「泛應曲當」，使
「萬物各得其所」，此即「一以貫之」的境地。其次，關於
曾子所會應的「忠恕」，在朱子看來，應是「曾子有見於此
而難言之，故借學者盡己、推己之目以著明之，欲人之易曉
也」，換言之，「忠恕」是這個終極的「一理」、「一本」
落實於具體人事中所展現的一個分殊之理罷了，依此，他是
將「一貫」與「忠恕」視為「一本」、「萬殊」的關係。

焦循對「一貫」、「忠恕」的詮釋著墨甚多，主張聖人
之道惟在於此，其自言撰寫《論語通釋》初衷即是為闡發「一
貫」、「忠恕」[43]，不僅以〈釋一貫忠恕〉為首，在闡釋「異
端」、「聖」、「大」、「多」等條目中，亦隨時申引；此

---

42 黎靖德編：《朱子語類・論語九・里仁下》，卷 27〈子曰參乎章〉，總
頁 679。

43 焦循《論語通釋・自序》：「余嘗善東原戴氏作《孟子字義考證》，于
理、道、性、情、天命之名揭而明之若天日，而惜其于孔子一貫、忠恕
之說未及闡發。數十年來，每以孔子之言參孔子之言，……而知聖人之
道惟在仁恕。……嘉慶癸亥，夏五月，鄭柿里舍人以書來問『未可與權』，
適門人論『一貫』，不知曾了『忠恕』之義，因推而說之。凡百餘日得
十有五篇。」頁 1 上-下。

外，於《雕菰集》中收有〈一以貫之解〉[44]、《論語補疏》
中有〈予一以貫之〉條[45]，均反覆論說「一貫」、「忠恕」
要義。如謂：

> 孔子言「吾道一以貫之」，曾子曰「忠恕而已矣」。
> 然則一貫者，忠恕也；忠恕者何？成己以及物也。孔
> 子曰：「舜其大知也與！舜好問，而好察邇言，隱惡
> 揚善，執其兩端，用其中於民。」孟子曰：「大舜有
> 大焉。善與人同，舍己從人，樂取於人以為善。」舜
> 於天下之善，無不從之，是真一以貫之，以一心容萬
> 善，此所以大也。……《易傳》曰：「天下何思何慮？
> 天下同歸而殊途，一致而百慮。」「何思何慮」言何
> 為乎思，何為乎慮也；以途既殊，則慮不可不百，慮
> 百則不執一也。何晏引此解「一以貫之」而倒其文，
> 以為「殊途而同歸，百慮而一致」，申之曰：「知其
> 元，則眾善舉矣。」韓康伯（按：原文誤為「伯康」）
> 注《易》曰：「少則得，多則惑；塗雖殊其歸則同，
> 慮雖百其致不二。苟識其要，不在博求，一以貫之，
> 不慮而盡矣。」莊子引記曰：「通其一而萬事畢。」
> 此何晏、韓康所出也。夫「通於一而萬事畢」，是執
> 一也，非一以貫之也。……執一則其道窮矣，一以貫
> 之則能通天下之志矣。……以執為貫，是以烏喙為嘉

---

44 焦循：〈一以貫之解〉，《雕菰集》，卷9，頁132-133。
45 焦循：〈予一以貫之〉條，《論語補疏》，收於《皇清經解》，卷1165，
總頁12378-12379。

蔬，認鵁鶄為鷖鶿焉矣。[46]

上述引文中，焦循明確指出「一貫」即是「忠恕」，也就是「舍己從人」、「善與人同」的具體實踐工夫，很顯然是將「一貫」視爲修養工夫。他駁斥何晏倒反《繫辭傳》「同歸而殊途，一致而百慮」爲「殊途而同歸，百慮而一致」以詮釋「一以貫之」，認爲專執於一以通諸於衆人萬物乃是「執一」而不是「一貫」，是錯認了孔門「一貫」的原意。焦循由「一貫」即「忠恕」即「成己以及物」的觀點進而言能夠「善與人同，舍己從人」，達到「以一心容萬善」者的工夫，便是「一以貫之」；依此看來，其所謂的「一貫」實有統合、整全工夫的意涵。其言：

> 由一己之性情推極萬物之性情，而各極其用，此一貫之道。……一陰一陽之謂道，分於道之謂命，形於一之謂性，分道之一以成一人之性，合萬物之性以為一貫之道。……伯夷之清、伊尹之任、柳下惠之和，三子不同道，其趨一也；清、任、和，其性也。不同道即分於道也，其趨一則性不同而善同矣，孔子聖之時則合其不一之性而貫於一。[47]

在此，焦循所論的「性」，指的是生命於實然世界中各

---

46 焦循：〈一以貫之解〉，《雕菰集》，卷9，頁132-134。按：本段引文之意亦見於《論語通釋》中〈釋一貫忠恕〉，頁3上-下；〈予一以貫之〉條，《論語補疏》，收於《皇清經解》，卷1165，頁12378。

47 焦循：〈釋一貫忠恕〉，《論語通釋》，頁4上-下。

種具體行爲、活動中所蘊涵或展現出各種具道德價值的傾
向，即如伯夷等賢者分別有清、任、和之德性，雖「三子不
同道」，但實屬於德性之一環；焦氏依此將孟子所讚孔子「聖
之時者」[48] 理解爲「合其不一之性而貫於一」，亦即「善與
人同」，有含納、融合且盡其用之意。依此理路推展，焦循
詮釋孔子與子貢所論的「一以貫之」，言：

> 孔子又謂子貢曰：「女以予爲多學而識之者與？」……
> 吾學焉，而人精焉，舍己從人，於是集千萬人之知，
> 以成吾一人之知，此一以貫之，所以視多學而識者大
> 也。孔子非不多學而識，多學而識，不足以盡，若曰：
> 我非多學而識者也，是一以貫之者也。多學而識，成
> 己也；一以貫之，成己以及物也。僅多學而未一貫，
> 得其半未得其全，故非之。……多識於己而又思以通
> 之於人，此忠恕也，此一貫之學也。[49]

　　「一以貫之」不僅是修養工夫的論說，焦循同時也將之
置於致知的層面加以闡述。按引文來看，多學而識固然足以
「成己」，但若僅止專執己所聞所得，則難以窮盡一切學識，
所以還必須屛除執一之見而會通千萬人之知，才能成就吾人
之知，此即「成己以及物」，即忠恕，即「一以貫之」。是
故，焦氏的致知論是以博學多聞爲先，歸結於會通人己之見

---

48 《孟子集注‧萬章章句下》：「孟子曰：『伯夷，聖之清者也；伊尹，
　聖之任者也；柳下惠，聖之和者也；孔子，聖之時者也。』」《四書章
　句集注》，卷 10，頁 315。
49 焦循：〈一以貫之解〉，《雕菰集》，卷 9，頁 134。

於一，正如其詮解《論語》中學、思次序時所言：「聖人用功之序，先學而後思」、「先博而後約，約則貫矣」[50]，這樣的路徑與執一以求博通於萬，有著顯著的差別。

（三）攻乎異端即執其兩端，用其中於民

> 子曰：「攻乎異端，斯害也已！」
>
> 【朱注】范氏曰：「攻，專治也，故治木石金玉之工曰攻。異端，非聖人之道，而別為一端，如楊、墨是也。其率天下至於無父無君，專治而欲精之，為害甚矣！」程子曰：「佛氏之言，比之楊、墨，尤為近理，所以其害為尤甚……」[51]

> 子曰：「吾有知乎哉？無知也。有鄙夫問於我，空空如也，我叩其兩端而竭焉。」
>
> 【朱注】孔子謙言己無知識，但其告人，雖於至愚，不敢不盡耳。叩，發動也。兩端，猶言兩頭，言終始、本末、上下、精粗，無所不盡。[52]

> 子夏曰：「雖小道，必有可觀者焉；致遠恐泥，是以

---

50 焦循：〈釋學〉：「學而不思則罔，思而不學則殆。……然則聖人用功之序，先學而後思。蓋學為入德之始功，思為入聖之至境。」〈釋多〉：「顏子曰：『博我以文，約我以禮』；曾子曰：『博學而孱守之』；子夏曰：『博學而篤志，切問而近思，仁在其中』；子思曰：『博學之，審問之，慎思之，明辨之，篤行之』；孟子曰：『博學而詳說之，將以反說約也。』皆先博而後約，約則貫矣。」《論語通釋》，頁14下，16下。
51 朱熹：《論語集注‧為政第二》，收於《四書章句集注》，卷1，頁57。
52 朱熹：《論語集注‧子罕第九》，收於《四書章句集注》，卷5，頁110-111。

君子不爲也。」[53]

小道不是異端，小道亦是道理，只是小。如農圃、醫卜、百工之類，卻有道理在。只一向上面求道理，便不通了。若異端，則是邪道，雖至近亦行不得。[54]

上述三章引文，朱子分別闡發「異端」、「兩端」、「小道」的意涵。關於「異端」，朱子引范祖禹（1041-1098）及程子（1033-1107）之言說明凡非主儒家之道，如楊、墨、佛等諸家學說，便是邪道異端，若專究「異端」之說則將危及正道，顯然，朱子對於「異端」是極端詆斥的；關於「兩端」，則理解爲本末終始，「叩其兩端而竭焉」意謂孔子盡其所能、竭其所知以回應求教者；至於「小道」，朱子釋爲農圃、醫卜等通於一技之屬，雖非「異端」，但亦無補於正道。由此來看，此三章在朱子的詮釋之下，各有意旨而不相涉，其中「異端」一辭被賦予極負面的意義，這是傾向視聖道爲唯一、完滿且自足的立場而來的理解，所以排拒一切異說；而「小道」即使不在屏除之列，卻是無法「向上面求道理」的。

焦循則由其所闡發善與人同、舍己從人的「忠恕」本身就是「一貫」的理路來詮釋「異端」、「兩端」、「小道」。首先，指出所謂「攻乎異端」的「攻」即如「他山之石，可以攻玉」，其言：

---

53 朱熹：《論語集注・子張第十九》，收於《四書章句集注》，卷 10，頁 188。

54 黎靖德編：《朱子語類・論語三十一・子張》，第 4 冊，卷 49〈雖小道必有可觀章〉，總頁 1200。

他者，異也；攻者，磋切摩錯之也；已者，止也。各持一理，此以為異己也而擊之，彼亦以為異己也而擊之，未有不成其害者，豈孔子之教也？異端猶云兩端，攻而摩之，以用其中而已。……凡異己者，通稱為異端，至晉世猶然也。《韓詩外傳》云：「別殊類使不相害，序異端使不相悖。」此即發明《論語》之義。蓋異端者，各為一端，彼此互異，惟執持不能通則悖，悖則害矣，有以攻治之，所謂「序異端」也；「斯害也已」，謂使不相悖也。彼此磋切摩錯，使紊亂害於道者，悉順而和焉。[55]

在焦循看來，「異端」本身並不具負面意義，只是異於己見者罷了，故而「異端」即是「兩端」；「異端」之所以為害是由於「執持不能通」，依此，所謂「攻乎異端」便成了就二者相左之見「磋切摩錯」，加以會通而不相悖。對於朱子所言「別為一端」的楊、墨，焦循認為：

楊氏為我，墨氏兼愛，端之異者也。楊氏若不執於為我，墨子若不執於兼愛，互相切磋，自不至無父無君，是為攻而害止也。

執一即為異端，……則凡執一者，皆能賊道，不必楊、墨也。聖人一貫，故其道大；異端執一，故其道小。

55　焦循：〈攻乎異端解上〉，《雕菰集》，卷9，頁134-135。

子夏曰：「雖小道，必有可觀者焉，致遠恐泥，是以君子不爲也。」致遠恐泥，即恐其執一害道也。……舜以同爲大，故執一者異，則爲小。農圃醫卜皆聖人所爲，執之則小也。許行並耕，何非神農之教？神農不執一於農，故爲聖人；許行專於耕，則小道矣。執一則人之所知所行與己不合者，皆屛而斥之。入主出奴，不恕不仁，道日小而害日大矣。[56]

　　對於楊、墨，焦循所採的態度與朱子並不相同：一方面，焦氏雖指出楊子偏執於爲我、墨子偏執於兼愛，然而卻又認爲「互相切磋，自不至無父無君」，則能免於危害。由此看來，真正賊害聖道者並非楊、墨，而是「執一」的態度，「執一」便是「小道」，這也正是焦循抨擊治學專據漢儒且別立「考據」之名乃「執一害道，莫此爲甚」[57]之因，他屢屢強調「一貫」之旨及「執一」之弊[58]，不僅肯定了各種不同學說的義理價值，如言「諸子之異端若能自通於聖人之道，亦可也」[59]、「九流諸子各有所長，屛而外之，何如擇而取之？

---

56 焦循：〈攻乎異端斯害也已〉條，《論語補疏》，收於《皇清經解》，卷1164，總頁12363；〈釋異端〉，《論語通釋》，頁4下-5下。
57 焦循：〈里堂家訓〉，收於《叢書集成續編》，卷下，頁617。
58 除上文所引之外，再如〈釋學〉：「聖人之學在好古，又曰：生乎今之世，反古之道，栽必逮夫身，何也？惡其執也，執己則自專自用，執古則今生反古，皆爲執一而害道。」〈釋權〉：「執一者，不知有忠恕之道，不能自貶損則至害道而害人。」《論語通釋》，頁15上；21下。〈一以貫之解〉：「今夫學術異端則害道，政事異端則害治，意見異端則害天下國家。」《雕菰集》，卷9，頁133。
59 焦循：〈未可與適道〉條，《論語補疏》，收於《皇清經解》，卷1164，總頁12369。

況其同爲說經之言乎？」[60]另一方面也反映出在「一以貫之」
的原則下，求道必然是經過不斷會通、兼取而來，且將是無
窮的、動態的活動，並非存在著一完滿、既有的道以待認知
體悟。朱子主張「攻乎異端」爲害，而焦循則以「攻乎異端」
可免於害，此恰好說明了二者對於道的理解不同而呈現詮釋
上完全相反的情形。

（四）仁者，推己之心以及於人

> 顏淵問仁。子曰：「克己復禮為仁。一日克己復禮，
> 天下歸仁焉。為仁由己，而由人乎哉？」顏淵曰：「請
> 問其目。」子曰：「非禮勿視，非禮勿聽，非禮勿言，
> 非禮勿動。」
> 【朱注】仁者，本心之全德。克，勝也。己，謂身之
> 私欲也。復，反也。禮者，天理之節文也。為仁者，
> 所以全其心之德也。蓋心之全德，莫非天理，而亦不
> 能不壞於人欲。故為仁者必有以勝私欲而復於禮，則
> 事皆天理，而本心之德復全於我矣。……又言為仁由
> 己而非他人所能預，又見其機之在我而無難也。日日
> 克之，不以為難，則私欲淨盡，天理流行，而仁不可
> 勝用矣。……是人心之所以為主，而勝私復禮之機
> 也。[61]

> 仲弓問仁。子曰：「出門如見大賓，使民如承大祭，
> 己所不欲，勿施於人，在邦無怨，在家無怨。」

---

60 焦循：〈釋據〉，《論語通釋》，頁 30 上。
61 朱熹：《論語集注·顏淵第十二》，《四書章句集注》，卷 6，頁 131-132。

【朱注】敬以持己，恕以及物，則私意無所容而心德全矣。內外無怨，亦以其效言之，使以自考也。[62]

「克、伐、怨、欲不行焉，可以爲仁矣？」子曰：「可以爲難矣，仁則吾不知也。」

【朱注】有是四者而能制之，使不得行，可謂難矣。仁則天理渾然，自無四者之累，不行不足以言之也。……（程子）曰：「……若但制而不行，則是未有拔去病根之意，而容其潛藏隱伏於胷中也。豈克己求仁之謂哉？」[63]

《論語》中孔子論仁的相關討論甚多，其中又以「克己復禮」的詮釋最受重視，自朱子將「克己」解爲勝「身之私欲」後，遭致明、清兩代儒者許多批評並提出不同的詮釋，這些批評及新解，或者成爲用以考察明、清義理思想轉折的線索[64]；或者由此梳理各種詆斥朱注者的詮釋策略[65]，足見對「克己復禮」的理解，實頗能揭示詮釋者間的思想差異。按朱子的理路，「仁」是人所稟受於心之「天理」，是一切德行的根源，故言「本心之全德」；再者，「仁」亦指「本心」所呈顯於外的德行，包括「復於禮」、「敬以持己」、「恕

---

62 朱熹：《論語集注·顏淵第十二》，《四書章句集注》，卷6，頁132-133。
63 朱熹：《論語集注·憲問第十四》，《四書章句集注》，卷7，頁149。
64 如（日）溝口雄三著，林右崇譯：《中國前近代思想的演變》（臺北：國立編譯館，1994年），〈第五章 清代前葉的新理觀之確立 —— 從「克己復禮」解的展開看新理觀之確立〉，頁345-393。
65 如張崑將：〈朱子對《論語·顏淵》「克己復禮」章的詮釋及其爭議〉，《臺大歷史學報》，第27期（2001年6月），頁83-124。

以及物」等。換言之，「仁」是先天即存有於人心的德性價值，同時也是發用於外的表現。而所謂的「復禮」，是指歸返於人心所本有具足的道德本質（即「本心之全德」）而言，故而「非禮勿視，非禮勿聽，非禮勿言，非禮勿動」均是就個人內在做工夫，能夠禁絕自身不符禮儀的視聽言動，使一切外在行為合理，便是「天理之流行」，所以朱子認為「克己復禮」的修養工夫乃「是人心所以為主，而勝私復禮之機也」；若僅依外在行為合於規範與否以論仁，在朱子看來當然是不足的。

　　焦循對於人性的理解係承戴震而來，不但肯定生養欲求是人性的基本內涵[66]，且人情人欲即潛存著道德價值傾向，其講求的修養工夫在於使自身的人欲人情與天下共通而無所窒礙，他詮釋「顏淵問仁」、「仲弓問仁」言：

　　「非禮勿視，非禮勿聽，非禮勿言，非禮勿動」為克己復禮之目；「出門如見大賓，使民如承大祭」為己所不欲，勿施於人之目。非禮勿視，非禮勿聽，非禮勿言，非禮勿動則出門如見大賓，使民如承大祭矣。在家無怨，仁及乎一家矣；在邦無怨，仁及乎一國矣。天下歸仁，仁及乎天下矣；仁及家國天下，不過己所不欲，勿施於人，故為仁（按：原文誤為「人」）由己而不由人，由己有所欲而推之，則能好天下之所好；由己所不欲而推之，則能惡天下之所惡。人以非

<hr>

66　如〈性善解一〉：「性無他，食色而已。飲食男女，人與物同之。」〈格物解二〉：「飲食男女，人之大欲存焉。」《雕菰集》，卷9，頁127；131。

禮加己，己所不欲也，即勿視、勿聽、勿言、勿動、
勿施於人也；勿施於人，即是克己，克己而不以非禮
施人，即復禮也。[67]

　　焦循認爲「克己」指的是以己度人的絜矩之道，也就是
要求以自身的視聽言動所欲所惡爲權衡、會通、推己及人，
達到「不以非禮施人」，便是「復禮」。依此而看，「仁」
的道德準則，不是源於天所賦予人的「天理」，也不是來自
聖賢的訂定，而是適當調節個人情感、欲望，且依此原則於
具體人、事的實踐中擇取共同的價值傾向，概括爲社會的行
事準則，所以先聖先王立教規範乃「因民之所好而爲之節文
者也」[68]。焦循按此理路進一步闡釋了《大學》的「格物」
之義，言「格物」即絜矩，「以我之所欲所惡，推之於彼，
彼亦必以彼之所欲所惡，推之於我，各行其恕，自相讓而不
相爭，相愛而不相害」，進而將之發揮於孔子所言「必也使
無訟乎」，指出「聽訟者以法，法愈密而爭愈起；理愈明而
訟愈煩」，因此，「理不足持也，法不足恃也」，唯有能「格
物」，「天下之人，皆能絜矩，皆能恕，尙何訟之有？」[69]又
將孔子「七十而從心所欲不踰矩」之「矩」解爲絜矩，理解

---

67 焦循：〈出門如見大賓〉條，《論語補疏》，收於《皇清經解》，卷1165，
　　總頁12376。
68 焦循〈性善解五〉：「《淮南·泰族訓》云：『民有好色之性，故有大
　　昏之禮……先王之制法，因民之所好而爲之節文者也。』皆人之所有於
　　性，而聖人之所匡成也。」《雕菰集》，卷9，頁129。
69 焦循：〈使無訟解〉，《雕菰集》，卷9，頁138；孔子之言見於《論語
　　集注·顏淵第十二》：「聽訟，吾猶人也，必也使無訟乎！」《四書章
　　句集注》，卷6，頁137。

成「以心所欲爲矩法而從之不踰者」[70]，這些都是由「克己」的詮釋中所推展而來的。至於「克、伐、怨、欲」不爲仁，焦循自有異於朱子的解釋：

> 孟子稱公劉好貨，太王好色，與百姓同之，使有積倉而無怨曠。孟子之學全得諸孔子，此即己達達人，己立立人之義。必屏妃妾，減服食，而於百姓之饑寒仳離漠不關心，則堅瓠也。故克、伐、怨、欲不行，苦心潔身之士，孔子所不取；不如因己之欲，推以知人之欲，即因己之不欲，推以知人之不欲，絜矩取譬，事不難而仁已至矣。絕己之欲而不能通天下之志，非所以為仁也。[71]

抑制自身的好勝、自矜、忿恨、貪欲知情而不爲，在焦循看來，只是苦心潔身之士，以此而例諸眾人，必難以通於天下，因此這並非聖人的主張，唯有絜矩取譬，才是仁道。顯然，「克己復禮」在焦循的詮釋下，已跳脫了朱子屏除己欲以歸返本心的解釋進路，建構出就個己與群體間做工夫的理論範式，且其中更含藏了趨時的思想，他論述「殺身以成仁」、「殷有三仁」之義：

> 死而成仁，則死為仁；死而不足以成仁，則不必以死

---

70 焦循：〈七十而從心所欲〉條，《論語補疏》，收於《皇清經解》，卷1164，總頁 12362；孔子之言見於《論語集注・爲政第二》，《四書章句集注》，卷 1，頁 54。
71 焦循：〈可以爲難矣〉條，《論語補疏》，收於《皇清經解》，卷 1165，頁 12377。

為仁。仁不在死亦不在不死，總全經而互證之可見也。三人之仁，非指去、奴、死為仁也，商紂時天下不安甚矣，而微、箕、比干皆能憂亂安民，故孔子歎之，謂商之末有憂亂安民者三人，而紂莫能用，而令其去、令其奴、令其死也；不能憂亂安民，而徒能死石之紛如徒人費，其人忠於所事則然，不可謂之殺身成仁。[72]

在此，可看出焦循論「仁」除了上述所言是要專究個己與群體的會通、實踐之外，在這會通、實踐的過程中，客觀環境是必須被納入考量的一環。

（五）聖人以事功為重，故不禁人干祿

子張學干祿。子曰：「多聞闕疑，慎言其餘，則寡尤；多見闕殆，慎行其餘，則寡悔。言寡尤，行寡悔，祿在其中矣。」

【朱注】愚謂多聞見者學之博，闕疑殆者擇之精，慎言行者守之約。……程子曰：「修天爵則人爵至，君子言行能謹，得祿之道也。子張學干祿，故告之以此，使定其心而

---

72 焦循：〈殷有三仁焉〉條，《論語補疏》，收於《皇清經解》，卷1165，總頁12381；孔子之言見於《論語集注・憲問第十四》：「子貢曰：『管仲非仁者與？桓公殺公子糾，不能死，又相之。』子曰：『管仲相桓公，霸諸侯，一匡天下，民到于今受其賜……豈若匹夫匹婦之為諒也，自經於溝瀆而莫之知也。』」《論語集注・衛靈公第十五》：「子曰：『志士仁人，無求生以害仁，有殺身以成仁。』」《論語集注・微子第十八》：「微子去之，箕子為之奴，比干諫而死。孔子曰：『殷有三仁焉』。」《四書章句集注》，卷7，頁153；卷8，頁163；卷9，頁182-183。

不為利祿動，若顏、閔則無此問矣……。」[73]

問「學干祿」章。曰：「這也是一說，然便是教人不要去求。如程先生說『使定其心而不為利祿所動』是也。」[74]

子曰：「富而可求也，雖執鞭之士，吾亦為之。如不可求，從吾所好。」

【朱注】設言富若可求，則雖身為賤役以求之，亦所不辭。然有命焉，非求之可得也，則安於義理而已矣，何必徒取辱哉？蘇氏曰：「聖人未嘗有意於求富也，豈問其可不可哉？為此語者，特以明其決不可求爾。」[75]

子曰：「回也其庶乎，屢空。賜不受命，而貨殖焉，億則屢中。」

【朱注】言子貢不如顏子之安貧樂道，然其才識之明，亦能料事而多中也。……范氏曰：「屢空者，簞食瓢飲屢絕而不改其樂也。天下之物，豈有可動其中者哉？貧富在天，而子貢以貨殖為心，則是不能安受天命矣。其言而多中者億而已，非窮理樂天者也……。」[76]

　　嚴辨義、利，強調正義不謀利，明道不計功，向來是程

73　朱熹：《論語集注·為政第二》，《四書章句集注》，卷1，頁58。

74　黎靖德編：《朱子語類·論語六·為政》，第2冊，卷24〈子張學干祿章〉，總頁592。

75　朱熹：《論語集注·述而第七》，《四書章句集注》，卷4，頁96。

76　朱熹：《論語集注·先進第十一》，《四書章句集注》，卷6，頁127。

朱理學所極力主張的。因此，諱言祿仕、輕薄事功，便成爲朱子詮釋上述三章的主軸。在「子張學干祿」及「富而可求」章中，均可清楚地看出其反功利思想；至於「回也其庶乎」章，朱子則讚顏子不因貧乏而改其樂以求富，所以庶幾於道；相較於子貢不諳貧富命定之理，「以貨殖爲心」，其高下優劣便不言而喻了。然而，焦循則基於人情人欲存在價值而指出人見利而趨、遇害則避的自然性，在此脈絡下詮釋「干祿」：

> 樊遲請學稼，則孔子目爲小人。小人，不求祿位者也。子張學干祿，孔子即告以得祿之道，聖人以事功爲重，故不禁人干祿而斥夫學稼者也。[77]

關於「子張學干祿」章，歷來註解者之見約有三種：或有據《史記》及程子注「顏、閔無此問」以斷「學」字當爲「問」字，言子張只是就「干祿」一事爲問；或有以爲子張所學乃就《詩經・旱麓》中「干祿豈弟」之句以研其義，非學求得祿位之法；或有將「干祿」解爲「求福」。[78]這些詮解雖頗有歧異，但主要的企圖卻都是在爲聖門辯護，強調孔門之人絕無希求利祿者。而朱子的詮釋雖沒有迴護聖門之意，但引程子之注「顏、閔無此問」，則貶抑子張之意表露無遺；同樣的情形，亦見於「回也其庶乎」章，只是所貶抑的對象換成子貢罷了。至於焦循的詮釋，則完全不以「干祿」

---

77 焦循：〈子張學干祿〉條，《論語補疏》，收於《皇清經解》，卷1164，總頁12363。

78 以上諸說請參程樹德撰，程俊英、蔣見元點校：《論語集釋》（北京：中華書局，2008年重印），第1冊，卷四〈爲政下〉，總頁112-115。

為聖人禁絕之事，甚至又引「樊遲請學稼」章以證孔子斥責不求祿位者[79]，姑不論焦氏對「樊遲請學稼」的理解及引證是否恰當[80]，然焦氏主張聖人不諱言干祿，則是十分鮮明的。再看：

> 《易傳》稱「崇高莫大乎富貴」，富貴非聖人所諱言也，但有可求、不可求耳。不可求，所謂不以其道得之也，苟以其道得之，何不可求之有？……非道以求富貴，鄙夫也；必屏富貴不言，並其可求者而亦諱之，此堅瓠之謂，聖人所不取也。……若以「富而可求」為設言之虛語，此滑稽者所為，曾以是擬孔子乎？

> 或謂孔子重事功，非也。「行己有恥，使於四方，不辱君命」，才德兼也；「宗族稱孝，鄉黨稱弟」，則寧舍才而取德矣；「言必信，行必果，硜硜然小人」，猶勝於從政之斗筲。孔子豈專重事功哉？然則栖栖者何也？曰仁也。聖人以及物為心，非天地位、萬物育，不足以盡及物之功，非得君不能以盡安人安百姓之量。故語丈人曰：「君子之仕也，行其義也。」行其

---

79 參見《論語集注・子路第十三》：「樊遲請學稼，子曰：『吾不如老農。』請學為圃，子曰：『吾不如老圃。』樊遲出，子曰：『小人哉，樊須也！上好禮，則民莫敢不敬；上好義，則民莫敢不服；上好信，則民莫敢不用情。夫如是，則四方之民襁負其子而至矣，焉用稼？』」《四書章句集注》，卷7，頁142。

80 如何澤恆即曾提出批評，參見氏著：〈焦循論語學析論〉，《焦循研究》，頁140-141。

> 義者，即行義以達其道也。[81]

　　雖然焦循肯定「富貴非聖人所諱言」，但仍緊扣是否合於道而立論。因此，在第二則引文中便指出聖人的事功在於「以及物爲心」，達到天地萬物各得其位，實即所謂的「一貫之極功」[82]。至於「非道以求富貴」，乃鄙夫所爲，此即焦氏所言「或謂孔子重事功，非也」之意，聖人所重事功，是指「行義以達其道」。再者，對於程朱理學中所論的義利之辨，焦循本《易·文言》「利者，義之和也」而論[83]，言「古所謂利者，皆以及物言。至春秋時，人第知利己；其能及物，遂別爲之義。故孔子贊《易》，以義釋利，謂古所謂利，今所謂義也。」[84]將個己之利推及至共同群體，會通做爲一切行爲的規範即是「義」。故而焦循詮釋「君子喻於義小人喻於利」時，以能禮義、不能禮義來區分君子、小人，言：

> 小人喻於利也。惟小人喻於利，則治小人者，必因民之所利而利之，故易於君子孚於小人為利。君子能孚於小人，而後小人乃化為君子。……儒者知義利之辨，而舍利不言，可以守己，而不可以治天下；天下

81 焦循：〈富而可求也〉條，《論語補疏》，收於《皇清經解》，卷 1164，總頁 12367；〈釋仕〉，《論語通釋》，頁 26 下。

82 焦循：〈釋一貫忠恕〉：「知己有所欲，人亦各有所欲；己有所能，人亦各有所能。盡天下之性，則範圍天地，曲成萬物。……致中和，天地位焉，萬物育焉，此一貫之極功也。」《論語通釋》，頁 3 下。

83 焦循：〈離婁章句·下〉，《孟子正義》（臺北：文津出版社，1988 年），下冊，卷 17，頁 585-586。

84 焦循：〈子罕言利與命與仁〉條，《論語補疏》，收於《皇清經解》，卷 1164，總頁 12368。

不能皆為君子，則舍利不可以治天下之小人。小人利
而後可義，君子以利天下為義，是故利在己雖義亦利
也，利在天下即利即義也。[85]

朱子對此章的詮釋言：「義者，天理之所宜。利者，人
情之所欲。」[86]這是本著言「仁」乃「天理」、「心之全德」
的理路所延伸而來，「義」與「利」的關係是相對且不相容
的。然而焦氏則是在其對義、利的不同理解下，提出「君子
以利天下為義」的觀點，言「利在天下即義即利」，由此看
來，其所論「義」的修養（事實上亦包括「仁」），已非如
理學家所著眼的內在思辨、體證，而是傾向於客觀世界中社
會環境、群己之間的觀照了。

四、結　語

上文所論焦循《論語》詮釋內容，雖未能盡納所有《論
語》條目，但實已勾勒出焦循詮釋《論語》的理路及思想內
涵。從中可以看出，即使焦氏在治經方法上再三強調「以孔
子之言參孔子言」、「以經釋經」，然而，事實上其個人義
理思想恐怕才是決定如何釋讀的主要關鍵。如「攻乎異端」
的「攻」，若按焦循「以孔子之言參孔子之言」的原則，考
察《論語》中凡用「攻」字皆作攻伐，包括「鳴鼓而攻之」[87]、

---

85 焦循：〈君子喻於義小人喻於利解〉，《雕菰集》，卷9，頁137。
86 朱熹：《論語集注·里仁第四》，《四書章句集注》，卷2，頁73。
87 朱熹：《論語集注·先進第十一》，《四書章句集注》，卷6，頁126。

「攻其惡，無攻人之惡」[88]等，則唯獨在此處訓解爲「攻錯」、
「切磋摩錯」，無疑是在闡發其義理思想前提下所作的選擇。

　　相較於朱熹的《論語集注》，焦循的《論語》詮釋已建
構出另一不同的理路，不論在本體、心性及工夫論等均呼應
著以氣爲本、重視經驗世界中確切實踐的義理思想。即有學
者指出：透過以氣爲本的哲學典範是清代經學論著一個相應
相契的前理解和詮釋典範；由氣本的角度切入，將爲清代經
學研究帶來一個新的契機。[89]依此來看，則或許清代經學不
僅不是只有文字考訂、綴補殘卷等，其背後實有一主體思想
作爲理論的依據，即使並非每個清代經學家都能有如此鮮明
的表達意識，但其建構出另一不同的經學研究思維則是不爭
的事實。

---

88 朱熹：《論語集注‧顏淵第十二》，《四書章句集注》，卷 6，頁 139。
89 劉又銘：〈明清自然氣本論者的論語詮釋〉，《臺灣東亞文明學刊》，
　　第 4 卷第 2 期，頁 147。

第四章　黃式三漢、宋學觀之商兌

一、前　言

　　有別於過去學者述及清代儒學發展時僅強調訓詁考據的成就，近年來勃興的清代義理研究相關論著，實已頗明確地勾勒出清代學術自有一異於宋明儒學的義理典範，亦即本書〈序論〉中所指出以戴震（1723-1777）為首所主「氣」為根源的思考進路，以及繼之而起的焦循（1763-1820）、凌廷堪（1757-1809）、阮元（1764-1849）等人，一方面延續了戴氏的義理主張，同時有更進一步的彰揚。此一被後世稱為「乾嘉漢學」的學術型態與宋儒以一完滿價值的本體為核心，講求自我體證、存天理滅人欲的修養工夫有著極大差異。

　　依此，考究漢、宋學之爭，若從乾嘉義理學與宋明理學間論爭的角度來看，則應能有更清楚的理解。方東樹（1772-1851）對乾嘉漢學的抨擊即是一鮮明的例證：過去學者論及方東樹《漢學商兌》時，大都專主於方氏對清儒訓詁、考據的非難，但若深究方氏批評的內容來看，以戴震為首的義理思想恐怕才是其所竭力攻駁的核心；是故對於曾痛斥清人訓詁專取漢人經說、反對以「考據」一詞概括清學的焦循，儘管表面上立場似乎與方東樹相同，但仍是《漢學商兌》激

烈訾議的對象，其主要原因，即是焦循義理思想上承繼、推闡了戴學，形成足以危及程朱之學在儒學道統地位的趨勢，這才是引起方東樹所關注、汲汲雄辯的緣故。[1]

　　乾嘉時期的漢、宋學之爭既屬於兩種不同義理型態的對立，那麼進一步來看嘉、道以降的「漢、宋兼采」或「漢、宋調和」之說，便可發現仍有值得商議之處：在學術史論著中被歸爲漢、宋兼采或漢、宋調和者，如陳澧（1810-1882）、曾國藩（1811-1872）、朱一新（1846-1894）等人，大抵主張乾嘉義理與宋明理學可相容不悖，並試圖尋繹清代漢學家與宋代程朱治經上的共同點以泯除門戶之別[2]。然而，按上所論，乾嘉義理思想不僅在本體論、心性論及工夫論的主張上均迥異於程朱理學，果若真就二者採取「兼采」、「調和」，那麼理應會出現另一有別於乾嘉義理、程朱理學的義理之學，但是考察這些兼采、調和者之說，似乎並沒有建構出新的義理主張；其次，若企圖弭平漢、宋學在義理型態的不同之處，以示此二者義理具有相同型態，則是否可能出現誤解乾嘉義理或扭曲程朱理學之謬？再者，若只就治經兼采二者經注而言漢、宋兼采或漢、宋調和，則追溯其中取捨的理據，似乎仍可推究出其所內涵義理思想之歸屬。因此，這些被視爲「漢、宋兼采」或「漢、宋調和」者，如何兼采、調和，實應有更明確的釐析。

1　參見本書第一章〈方東樹反乾嘉漢學之探析〉、第二章〈焦循對乾嘉漢學之評議〉。

2　如梁啓超指出調和漢、宋者，謂「漢儒亦言理學」、「朱子亦言考證」。參見氏著：《清代學術概論》（臺北：臺灣商務印書館，1993 年），頁112-113；錢穆論陳澧、曾國藩等人，亦有相同的觀點。參見氏著：《中國近三百年學術史》（臺北：臺灣商務印書館，1995 年），下冊，頁 631-701。

嘉、道時期，略早於陳澧、曾國藩的黃式三（1789-1862，字薇香，號儆居），即爲一頗值得深究的對象。黃式三痛陳治經專主一家之病，力主不分漢、宋經說，企圖泯除漢、宋門戶之別，其言：

> 漢之儒有善發經義者，從其長而取之；宋之儒有善發經義者，從其長而取之。各用所長以補所短，經學既明，聖道自箸。經無漢、宋，曷爲學分漢、宋也乎？……既爲經學，漢、宋各有所發明，後儒没所長、攻所短，至叩其墨守之說，則明知有害于經而故諱之。

> 自治經者判漢、宋爲兩戒，各守嫥家，而信其所安，必并信其所未安，自欺欺人，終至欺聖欺天而不悟，是式三所甚憫也。

> 自今之學者有漢學、宋學之分，守一師說以自顓頇，經義大不明于天下。[3]

黃式三不滿當時學者治經因漢、宋門戶之見而相互攻訐，甚至枉顧經義，感慨這種學風將使聖道不明，在漢、宋兩代治經各有所長的前提下，倡議應「各用所長以補所短」；其撰寫《論語後案》更是再三強調漢、宋兼采之原則：

---

3 黃式三：〈漢、宋學辯〉、〈易釋敘〉、〈劉君星若家傳〉，《儆居集》收於《儆居遺書二種》（臺北：中央研究院傅斯年圖書館藏，清光緒 14年（1888）續刻本），經說三，頁 21 下-22 下；襍著一，頁 8 下；襍著四，頁 16 上。

> 不佞素無門戶之見，急分漢學、宋學，故采之也備。

> 夫近日之學宗漢、宗宋判分兩戒，是書所采獲上自漢、魏，下逮元、明以及時賢，意非主爲調人，說必備乎眾，是區區之忱端在於此，而分門別戶之見不敢存也。[4]

　　由此來看，黃式三不僅疾呼屏除漢、宋門戶之見，且致力付諸實踐，故而後世論者大都把黃氏歸爲漢、宋兼采者[5]；

4　黃式三：〈論語管窺敘〉、〈論語後案自敘〉，收於氏著，張涅、韓嵐點校：《論語後案》（南京：鳳凰出版社，2008 年），附錄，頁 547，552。案：《論語後案》一書中前列何晏《論語集解》、朱子《論語集注》於各條之下，並於文後加案語以別異同、是非，現有道光 24 年（1844）活字印本（甲辰本）和光緒 9 年（1883）浙江書局刻本，後者爲修訂本。據黃式三〈論語管窺敘〉所載，曾於《論語後案》完成後，聽從友人馮登府（1783-1842）、嚴可均（1762-1843）建議（其子黃以周〈論語後案識〉則載許瀚（1797-1866）、嚴可均），一度刪去何氏《集解》、朱子《集注》，並曾刪案語，更名爲《論語管窺》；光緒七年（1881）其子黃以周（1828-1899）從譚鐘麟（1822-1905）之言，仍保留《論語集解》、《論語集注》，且收錄後本增損之案語，付梓書局，即今所見《論語後案》。黃以周〈論語後案識〉收於《論語後案》，頁 552-553。

5　如（1）譚廷獻：〈黃先生傳〉中載吳鍾駿、朱緒曾等人認爲黃式三作《論語後案》爲「漢、宋持平之書」，參見繆荃孫纂錄：《續碑傳集》（臺北：文海出版社，1973 年），卷 73，頁 18 下；（2）徐世昌編纂，沈芝盈、梁運華點校：《清儒學案》（北京：中華書局，2008 年），第 6 冊，卷 153，〈儆居學案上〉言：「儆居博棕群經，尤長《三禮》，謹守鄭學而兼尊朱子。」頁 5931；（3）李慈銘以「不專主漢、宋」論黃式三《論語後案》，參見氏著：《越縵堂讀書記》（臺北：世界書局，1961 年），上冊，頁 17；（4）《續修四庫全書總目提要》言「式三之學，不立門戶」，參見中國科學院圖書館整理：《續修四庫全書總目提要‧經部》（北京：中華書局，1993 年），下冊，〈四書類〉，頁 868；（5）張舜徽言黃式

然而，黃氏曾撰〈申戴氏氣說〉、〈申戴氏理說〉、〈申戴氏性說〉以推闡戴震思想[6]，足見在思想主張上是頗具乾嘉義理色彩的學者。在義理思想不同必然使其所呈顯的治經工夫有所差異的前提下，黃式三的治經工夫理應隸屬於乾嘉學者問學進路；那麼，這個歸屬於乾嘉義理的學者在倡論不拘門戶的表面下，如何兼采或調和漢、宋儒經說的差異，恐怕仍有許多必須深究之處。本文即嘗試歸納黃式三對於漢、宋學之評議，以及見諸治經、解經的相關論述，由此考察黃氏對於漢、宋學的定位，並指出這種主張「漢、宋兼采」所代表的義涵及困境。

二、宗漢之驗證

由於黃式三亟欲凸顯不分漢、宋門戶的治經主張，標榜只要「有裨於經義，雖異於漢鄭君、宋朱子，猶宜擇是而存之。」[7]故而針對宋、明儒者批評漢儒經說疏於義理之論，特撰《漢鄭君粹言》，並撰寫序言：

> 世推北海鄭君康成為經學之祖，輒復以短于理義而小之，鄭君果短于理義乎哉？……漢儒之經注易而簡，

三治經「有宗主而無門戶」，參見氏著：《清人文集別錄》（武漢：華中師範大學出版社，2004年），卷15，頁393；（6）（日）松川健二編，林慶彰等譯：《論語思想史》（臺北：萬卷樓圖書公司，2006年），稱黃氏《論語後案》為「漢宋兼學的成果」，頁513。

6 上述三文參見黃式三：《儆居集》，經說三，頁3下-15下。另可參見張壽安：〈黃式三對戴震思想之回應〉，收於《清代學術論叢》（臺北：文津出版社，2002年），第三輯，頁253-281。

7 黃式三：〈論語後案自敘〉，《論語後案》，附錄，頁552。

鄭君依此例以注經，經已明者，不申說，而申說者復
不爲艱深之言、衍蔓之語。後人因其易而輕之，因其
簡而略之，此讀者之過，非鄭君之過。不揣固陋，讀
鄭君箋注，略舉粹言以見梗概，此特豹斑之窺一耳，
而天人性命之恉，世運盛衰之故，亦已包括無遺矣。
讀此書者，庶幾知漢學之後繼以宋學，二者並存天
地，不必畫山河之兩戒，後儒存分門別戶之見，或藉
是以融之。[8]

　　黃式三認爲漢儒說經本有「易而簡」的風格，鄭玄
（127-200）注經係同屬之，但後人遂只見鄭玄訓解經書之切
實，而疏略於其義理的尋繹，實則在鄭玄的箋注中即已涵括
了「天人性命之恉」、「世運盛衰之故」。換言之，黃氏一
方面強調鄭玄的義理思想蘊藏於訓詁之中；且另一方面說明
「天人性命之恉」的探究自鄭玄業已展開，宋儒實乃繼漢人
而起，二者爲前後相繼的兩個階段，不應判分爲二，這是黃
式三主張說經漢、宋兼采的基礎。再看：

漢學所宗仰于今者，元和惠氏、休寧戴氏，而讀兩家
之書，于漢師鄭君之說有不能強通者，與宋儒之說多
同。自鄭君後九百二十七年而爲南宋，生其間者，各
求校正漢注之失，一時儒者遂參據之以箸于書，不能
廢也，以其皆爲經學也。[9]

---

8 黃式三：〈漢鄭君粹言敘〉，《儆居集》，襍著一，頁 14 下-15 下。
9 黃式三：〈漢宋學辯〉，《儆居集》，經說三，頁 22 下。

在此，黃式三指出即使身爲乾嘉漢學之宗的惠棟
（1697-1758）、戴震於經說上偶有同於宋儒而違鄭學的情
形，這是由於經書的詮解自漢代鄭玄之後，直至南宋，其間
九百二十七年的經學著作乃是爲「各求校正漢注之失」而作；
也就是說，這些經學相關著作都是就漢儒經說所作的進一步
研究，均是承繼鄭學的推衍，這其中當然亦包含了朱子
（1130-1200）的經注在內，故而後世儒者應視同爲經學之一
環，不可偏廢。黃式三這段敘述，已隱約地勾繪出一經學發
展路徑：即由漢至宋，再由宋至乾嘉惠、戴，這實是相襲以
求進益的發展，在此原則下，自然是以漢儒經說爲本，且認
爲宋人乃漢儒的接續。

在義理思想上，黃式三承襲了乾嘉義理。除了論氣、論
理、論性闡發戴震主張外；論禮之起源，言：「禮也者制之
聖人，而秩之自天。當民之初生，禮儀未備，而本於性之所
自然，發於情之不容已，禮遂行於其間。」強調禮是「聖人
順人之性而爲之制」[10]，這與戴震所言「禮者，天地之條理
也。……即儀文度數，亦聖人見於天地之條理，定之以爲天
下萬世法」[11]、焦循所言「先王立政之要，因人情以制禮」[12]
都是一致的；且黃氏所作〈約禮說〉、〈復禮說〉、〈崇禮
說〉亦是彰揚、修正凌廷堪禮學思想之作[13]；又盛讚阮元推

---

10 黃式三：〈復禮說〉，《儆居集》，經說一，頁 16 下-17 上。
11 戴震：〈仁義禮智〉，《戴震集・孟子字義疏證》（臺北：里仁書局，
　　1980 年），卷下，頁 318。
12 焦循：〈理說〉，《雕菰集》（臺北：鼎文書局，1977 年），卷 10，頁
　　151。
13 參見張壽安：《以禮代理 —— 凌廷堪與清代中葉儒學思想之轉變》（石
　　家莊：河北教育出版社，2001 年），頁 146-157。

闡段玉裁（1735-1815）注解「仁」爲人偶之義而作〈論語仁論〉、〈孟子仁論〉爲「有功於天下後世，可謂極至」，企盼後人「勿以文字聲音訓詁之學而少之」[14]，這些均顯示黃式三思想不脫乾嘉義理之影響；其次，對於經典中諸多涉及思想範疇的詮釋，亦屬戴學的進路，如關於《論語・里仁》中孔子言「吾道一以貫之」，曾子回應「夫子之道，忠恕而已矣」的理解，言：

> 「一」者，總詞。道散見於天下，而人己內外之交有可總以貫之者，故曰「一以貫之」，下文所言「忠恕」是也。先儒求於忠恕之外而謂自有一道者，或以天言，或以心言，或以性言，或以理言，或以仁言，或以靜言，或以中言，或以敬言，或以格致言。戴東原曰「一以貫之，非以一貫之」，諸說失之矣。

> 夫子言「一貫」，渾舉其義。門人問「何謂」，請詳事實也。曾子言「忠恕」，指事實之要也。誠身爲忠，本誠接人爲恕，己與人合爲一貫，一貫不外乎忠恕。「忠恕而已矣」與「辭達而已矣」句法正同。已，止也，謂道盡於此也。[15]

再看：

---

14 黃式三：〈阮氏仁論說〉，《儆居集》，經說五，頁 20 上。案阮元〈論語論仁論〉、〈孟子論仁論〉，參見氏著：《揅經室集・一集》（北京：中華書局，2006 年二刷），卷 8，頁 176-194；卷 9，頁 195-210。
15 黃式三：《論語後案・里仁四》，頁 94，94-95。

《論語》：「夫子之道，忠恕而已矣。」誠身為忠，
本誠接人為恕；人己合一為貫，非即《禮》之《大學》
所謂絜矩乎？……絜矩之道即忠恕之道也，亦即《中
庸》之所謂誠也。[16]

　　黃式三將「一貫」的「一」釋為數量之「總詞」，而所
謂的「一以貫之」，是指能做為一切人己所有會通、相涉的
共同原則，即後面曾子所應答的「忠恕」。由此看來，黃式
三視忠恕本身即為「一貫之道」，屬於修養工夫的一環，此
不僅是黃氏引文中所論戴震之主張，且亦為多數乾嘉漢學者
的共識。如焦循以「成己以及物」說明忠恕，言「多識於己
而又思以通之於人，此忠恕也，此一貫之學也」[17]；阮元以
「行事」解「一貫」，強調「身體力行」、「見諸實行實事」
[18]，顯然都是純就道德實踐而立論。這與朱子將「一貫」與
「忠恕」理解為「一本萬殊」的關係，有很大的不同：在朱
子看來，「忠恕」是下學之道，只是萬殊之理，也就是分殊
之理；而「一貫」則是超絕於萬物之上，統攝一切分殊之理
的「一理」、「一本」。因此，朱子認為曾子言「夫子之道，
忠恕而已矣」，應是「曾子有見於此難言之，故借學者盡己、
推己之目以著明之，欲人之易曉也。」[19]換言之，「忠恕」

---

16 黃式三：〈絜矩說〉，《儆居集》，經說二，頁1上。
17 焦循：〈一以貫之解〉，《雕菰集》，卷9，頁132-134。
18 阮元：〈論語解〉、〈論語一貫說〉、〈石經孝經論語記〉，《揅經室
　　集・一集》（北京：中華書局，2006年2刷），卷2，頁49-50、53-54；
　　卷11，頁238。
19 朱熹：《論語集注・里仁第四》，《四書章句集注》（北京：中華書局，
　　2003年七刷），卷2，頁72。

是這個終極的「一理」、「一本」落實於具體人事上所展現的一個「分理」罷了，也就是其所謂「下學只是事，上達便是理。」[20]而黃式三不但言忠恕即「一貫之道」，且指出忠恕即絜矩，亦與戴震如出一轍。[21]至於朱子所言「上達」是達「天理」，黃氏指出：

> 《論語》曰：「下學而上達」。程朱二子以為上達之妙，難以言語，形容人不知而天獨知之，豈聖人自贊其道之高深幽遠，果如斯歟？而後世明心見性之儒，自信既堅，自任亦勇，各以己所頓悟者，言上達之旨，超凡入聖，欲以簡捷得之，其所謂達，達其所達，非聖人之所謂達矣。合而論之，二家之說皆非也。《論語》自「公伯寮之愬」至「荷蕢之果」，連章駢敘，皆記道之不行、莫知之歎，不怨、不尤之答。謂世不用而無怨尤也，世既不用，而刪《詩》、《書》，訂《禮》、《樂》，贊《易》，修《春秋》，惓惓斯道之心，上通于天而天自知，故曰下學上達。[22]

---

20 黎靖德編：《朱子語類・莫我知也夫》（臺北：正中書局，1962 年），第 44 卷，頁 1870。

21 關於戴震論「一貫之道」及「忠恕」，請參氏著：〈理〉、〈權〉，《戴震集・孟子字義疏證》，卷上，頁 269；卷下，324-325。

22 黃式三：〈上達說〉，《儆居集》，經說二，頁 10 上-10 下。案朱子注《論語・憲問第十四》「君子上達，小人下達」言：「君子循天理，故日進乎高明；小人殉人欲，故日究乎汙下」；注「不怨天，不尤人。下學而上達，知我者其天乎！」言：「此但自言其反己自修，循序漸進耳，無以甚異於人而致其知也。然深味其語意，則見其中自有人不及知而天獨知之之妙。」《四書章句集注》，頁 155，157。

　　黃式三駁斥程朱理學視「上達」為「循天理」的幽深之境，並以《論語》行文脈絡指出孔子之意實感慨「道之不行」，而非言「道之高深幽遠」。黃氏本於理在氣中、氣外無理的觀點，認為理的追求應是就現實事物、經驗世界中探得，而考究聖賢經典便是一重要進程，這懇切勤勉的問學過程，便能「上通于天而天自知」，即是「上達」。這與戴震以問學有「視其跡」、「精於道」之別而言下學、上達，強調「上達之道即下學之道」相同。[23]換言之，「上達」並不是高深幽遠難以言語的境地，而是落實於現世智識的養成。

　　再者，黃式三雖指出戴震作《孟子字義疏證》抨擊程朱之學有過當之處而感到不安，但又指出：[24]

> 修寗戴氏作《孟子疏證》，效王陽明致羅整庵之書，指斥過當，揆之鄙心，亦所不安。然則經說之有異于程朱者，有所疑于中，而不敢隱耳。閒或引戴說，擇其粹者而取之。論性之詳始于《孟子》，《孟子》以聲色臭味安佚固性也，而為性之粗駁，君子必專以心之能說理義者明性之善。……程朱二子以性之善者為理，以不善之宜變化者歸之氣質，大端豈遂迥殊。若程子云：人生而靜以上不容說，纔說性時，已不是性；朱子《文集》申言之，是程朱論性之準的也。後儒申此者，語多元眇，流弊之極，不忍盡言。

23　戴震〈權〉：「道有下學上達之殊致，學有識其跡與精於道之異趨；『吾道一以貫之』，言上達之道即下學之道也。」參見氏著：《戴震集・孟子字義疏證》，卷下，頁 324。

24　黃式三：〈荅夏韜甫書〉，《儆居集》，襍著四，頁 32 下-33 上。

　　論理、論性實屬宋明以來儒學重要範疇，代表著思想家的基本性格及內涵。在此，黃氏反對程朱所論性善爲「得於天而具於心」的主張，認爲程朱之言已違《孟子》論性本旨，致使後儒申述其說造成玄虛流弊，故而援引戴學以矯之；顯然，戴學義理才是黃式三擇取經義的最終標的。

　　由黃式三立足於乾嘉義理思想的基礎上來看，他所主張的治經態度與方法，大致上亦頗近於乾嘉儒者。黃氏問學以經學爲宗，經學著作甚夥，屢言儒者應「以治經爲天職」[25]，強調凡有裨益於經義之說者，無論漢儒、宋儒皆擇取以存；對於考據與義理之關係，其言：

> 夫理義者，經學之本原；攷據訓詁者，經學之枝葉、之流委也。削其枝葉而榦將枯，滯其流委而原將絕。

> 說經而捨訓詁、聲音、文字，略制度、名物、事蹟，徒高求聖人之道，所求愈高，道愈易謬。即于道無謬者，而立論非經之本恉，此燕說郢書也。[26]

　　習得聖人理義固然是研治經學的目的，但若不由訓詁考

---

25 黃式三言：「古人所謂學，經學而已」、「蓋士不用世，當以治經爲天職矣」、「儒者無職，以治經爲天職」、「寒士無職，以治經爲天職」。參見氏著：〈讀顧氏心學辨〉〈上達說〉、〈漢宋學辯〉、〈知非子傳〉，《儆居集》，子集三，頁 11 下；經說二，頁 10 下；經說三，頁 21 下；襍著四，頁 20 下。

26 黃式三：〈漢鄭君萃言敘〉、〈漢宋學辯〉，《儆居集》，襍著一，頁 14 下-15 上；經說三，頁 23 上。

據入手，徒憑空揣臆聖人之道，終將謬於經典本旨。由此來看，黃式三治經主張與乾嘉學者「訓詁明而後義理明」之論並無二致，再如：

> ……經之存於今者，寒暑弗敢輒讀數十年矣。漢、唐、宋、明之經說亦已參攷之而漬潤之矣，由是而課之于心，豈無昔昏今明、昔動今定者乎？則得力于讀經，不可誣也。其猶有未能明、未能定者，闇幽之衷，實默知之，不容自欺，謂非仰師曩哲功有未至歟？夫緩讀經而急治心，致良知者之所以求速成也。攷訓詁、辨文字聲音，自謂格致之道宜如是，而于性情之大置之不治，即治之而未深其功，此致良知者之所歎惜，而讀經者之所宜知畏也。……讀經而不治心，猶將百萬之兵而自亂之，尤可畏耳。[27]

在此，黃氏指出治經絕不僅止於考辨文字聲音、參校前儒經說，而是在此基礎上更進一層的抽象運思與統整，如率領百萬之兵般，使之能內化為個人所得，即所謂「課之于心」、「治心」的工夫，這才是完整的問學歷程。此與戴震所論問學進路中的「相接以心」、「心之所同然」、「以心相遇」[28]；

27　黃式三：〈畏軒記〉，《儆居集》，襍著四，頁27下-28上。
28　戴震〈沈學子文集序〉：「凡學始乎離詞，中乎辨言，終乎聞道。……辨言，則舍其立言之體無從而相接以心」；〈題惠定宇先生授經圖〉：「故訓明則古經明，古經明則賢人聖人之理義明，而我心之所同然者，乃因之而明」；〈鄭學齋記〉：「學者大患在自失其心，心，全天德，制百行。……是故由六書、九數、制度名物，能通乎其詞，然後以心相遇」。參見氏著：《戴震集‧文集》，卷11，頁210，214，225。

或焦循的「證之以實，而運之於虛」[29]的工夫都是一致的。

三、尊宋之商榷

雖然黃式三的思想同於乾嘉義理一脈，且論治經工夫亦與戴震、焦循一致，但黃氏對於程朱之學則一改戴、焦極力攻訐的態度，轉爲兼容回護。如針對夏炘（1789-1871）致書批評黃氏所撰《論語後案》中「性道諸說」與程朱不合，以及考證「禘」、「千乘」取鄭玄之說而不從朱子之論[30]，黃式三答書中指出，孟子論性實兼取四端之心與聲色臭味安佚兩個面向而論，但程朱二子偏執於「以性之善者爲理」（見前引文〈荅夏韜甫書〉），致使後學陷於元眇之弊；又詳述考證「禘」依鄭玄之說，「固不至黷亂典禮，流爲不經」；考「千乘」乃「推攷古制」[31]，最後言：

> 先生（案：夏炘）數千里外致書不虛譽式三所是，而
> 詳糾所非古人，正道于此，復見式三豈堅僻自是者？
> 特未能遽舍舊見而從之耳。式三經說時與朱子有異，
> 中夜思之惕然懼。憶己亥歲到湖州謁嚴鐵橋先生，先
> 生斥式三經說多回護朱子，式三聞之而喜者，喜鄙說

---

29 焦循〈與劉端臨教諭書〉：「蓋古學未興，道在存其學；古學大興，道在求其通。前之弊，患乎不學；後之弊，患乎不思。證之以實，而運之於虛，庶幾學經之道也。」參見氏著：《雕菰集》，卷13，頁215。

30 夏炘：〈與定海王薇香式三明經書〉，《景紫堂文集》（臺北：文海出版社，1973年），卷10，頁551-554。按夏炘言：「夫程朱之釋經，雖不敢謂其字字句句盡得聖人之意，然其大者固得之矣。大莫大於性道諸說，於性道諸說而不得，何以爲程朱？」

31 黃式三：〈荅夏韜甫書〉，《儆居集》，襍著四，頁33下-34上。

雖有異于朱子，與今之專為漢學者或不同也。今讀先
生書而適中式三所懼矣，為之悚然者久之。[32]

在此，黃式三自敘曾遭嚴可均（1762-1843）指責其經說
回護朱子，現反而又受夏炘批評性道諸說不得程朱之旨的情
形。文中黃氏自承對經書義理的詮解時有與朱子不同之處，
但在崇敬朱子問學「所得大且多」、推崇朱子注經是六百餘
年來儒者所奉正宗的前提下[33]，不免充滿了警懼之心；另黃
式三又指出江藩（1761-1831）撰《漢學師承記》雖於學術「可
以救忘本失源之弊」，然而亦批評：

江氏宗鄭而遂黜朱，抑又偏矣。漢無兩鄭君，宋無兩
朱子，其瀏覽諸經舊說，擇善而從，各能集一代之大
成。……惟是元、明以降，一遵朱子，竟不讀宋以前
之書。所有撰著大抵堅持門戶，拘守而複衍之，遂欲
坐分朱子闡明斯道之功。幸得閻氏百詩、江氏慎修、
錢氏竹汀、戴氏東原、段氏懋堂諸公，心恥斯習，不
糾纏朱子所已言，迺蒐輯古今遺說，析所可疑，補所
未備，其心誠、其論明，其學實能合漢、宋所長，徹
其藩籬，通其溝澮而盡掃經外之浮言，則經學得漢宋
之注十闕六、七，加今大儒之實事求是，庶幾十闕八、

---

32 黃式三：〈荅夏韜甫書〉，《儆居集》，襍著四，頁 34 下-35 上。
33 黃式三〈論語後案原敘〉載：「《論語》之始出于秦火後也。……其後
　　鄭君康成就魯《論》篇章攷之齊、古，以為之注，當時尤貴之。……自
　　朱子注既出，六百餘年之儒說群奉正宗，……卒未聞有繼漢軼魏時能駕
　　朱子上者，則朱子之所得大且多，雖愚者亦能臆測而知之也。」參見：
　　《儆居集》，襍著一，頁 6 下。

　　九歟！而江氏宗師惠、余，攬閻、江諸公為漢學，必
　　分宋學而二之，適以增後人之惑也。[34]

　　可見，黃式三對於代表漢朝學術的鄭玄及代表宋朝學術
的朱子均肯定其價值與意義，認為合二者之長，才是掌握經
義之法門。就此而言，黃氏似乎確實兼重漢、宋之學；但再
細究此段引文，不難發現，黃氏除了將漢、宋學視為前後相
承續的關係已如前所論之外，同時亦指出乾嘉學者不僅能續
補朱子所未備，更能「合漢、宋所長」，頗有集大成之功；
且黃式三所推崇能具體實踐「合漢、宋所長」之儒者包括了
以考辨見長，作《古文尚書疏證》啟乾嘉考據之學先河的閻
若璩（1636-1704）；以及被譽為「自漢經師康成後罕其儔匹」
[35]的江永（1681-1762）；強調「非別有義理出乎訓詁之外」，
言漢儒說經謹承「先民之旨」，而宋人說經乃「貽害於聖經
甚矣」[36]的錢大昕（1728-1804）等人，顯示黃式三認肯的仍
是乾嘉漢學的學術規範。依此，黃式三即使有宗漢且不廢宋
學之主張，但絕非單純地二者並重，而實有主、從之別。再
看黃氏言：

　　朱子雖主張程門之教，而王介甫、劉器之不合于程
　　門，亦錄其辭，不拘於一，晚年因在朝議孫為祖承重
　　服，深契鄭荅趙商之是，歎熙甯後不讀注疏之非，于

---

34 黃式三：〈漢學師承記跋〉，《儆居集》，襍著一，頁 22 下-23 上。
35 戴震：〈江慎修先生事略狀〉，《戴震集·文集》，卷 12，頁 229。
36 錢大昕：〈經籍纂詁序〉，《潛研堂文集》（上海：上海古籍出版社，
　　2009 年），卷 24，頁 392-393。

是絕筆之書，具見《儀禮經傳通解》，實能合鄭君注、孔賈疏而斟酌之，則後來居上。有令前賢畏之者，可不溯其由乎？[37]

又言：

程子教人讀書深探聖人之心，而學者乃舍近求遠，處下窺高，說之縣空，譬諸行者扛之則足不箸地，不如漢儒尋求訓詁者，猶導大道而行，此朱子荅余正叔之書也。不讀《說文》，訓詁易謬；不讀注疏，猝有禮文之變，人皆茫然，為害不細，此亦朱子之所戒也。宋儒之能為漢學者莫如朱子，而漢儒之能啟宋學者豈非鄭君歟？[38]

在黃氏看來，朱子在治經方法上主張與逕究聖人之心不如由訓詁入手的態度，實無異於鄭玄，並以朱子晚年所作《儀禮經傳通解》為例，說明朱子對於經義的疏解亦與鄭玄相契；換言之，朱子之所以應受推崇，乃在於朱子重視訓詁考據的工夫，是宋代儒者之中「能為漢學者」，而不在於多數後世學者所論的義理之建構。顯然，黃式三是將朱子定位於鄭學發展的脈絡中，亦即把朱子視為鄭學的延續而論的，這是由乾嘉義理體系中重視經典考據工夫的視野下，對於朱子問學工夫的肯定，但卻並不意味著對朱子義理思想的認同。

首先，對於朱子改本《大學》，黃式三認為「不能使後

---

37 黃式三：〈漢學師承記跋〉，《儆居集》，雜著一，頁23上。
38 黃式三：〈漢宋學辯〉，《儆居集》，經說三，頁23上。

人無異議」，因此「不如從古本之爲愈矣。」[39]再看黃式三評論朱子經說，言：

> 朱子之經說，後學果無可疑乎？不思經傳本文而存依
> 坿之心，循誦習傳固無可疑也，繹讀本文，存實事求
> 是之心，則信其所可信，亦疑其所可疑矣。……雖然
> 朱子說之有可疑，必求朱子說之無可疑者證之，或廣
> 求儒說之善者以校正之。[40]

即使推崇朱子經說的成就卓然，但黃式三仍不諱言朱子所闡釋的經義亦有可議之處，而必須抱持「實事求是之心」，參酌「朱子說之無可疑者」或「儒說之善者」以證之、校之。另黃式三回應嚴可均斥責其回護朱子，言：

> ……而先生以式三說經多回護朱子，諄諄以為言。式
> 三觀古來著作必尊讓前賢，雖有辨駁，往往留有餘不
> 盡之意，是以未敢苛求。[41]

按此段引文，黃式三乃基於「尊讓前賢」的原則下，對於朱子經說往往抱持著兼容的態度。故而，當黃氏本於乾嘉思想論說經義而扞格於朱子之說時，黃氏所採取的策略是援

---

39 黃式三〈古本大學書後〉：「《大學》本之改易者多矣，以程、朱二子之相信而所易者，不能無異本；以朱子之學力而所易者，不能使後人無異議，不如從古本之爲愈矣。……審如是，則古本《大學》之可通解，不必改易之矣。」《儆居集》，襍著一，頁 12 上-13 上。
40 黃式三：〈讀王陽明文集〉，《儆居集》，子集三，頁 7 上-7 下。
41 黃式三：〈與嚴鐵橋書〉，《儆居集》，襍著四，頁 31 下。

引後世被歸類爲同屬程朱學派的儒者之言加以申述。如論
氣、理關係，黃式三闡述戴震以氣之形成前、後的觀點言道、
器，進而直指氣乃天地萬物根源，若離氣而言理、求道將流
於虛渺，言：

> 凡天地人之氣，推行各有其條理，而非氣之外別有一
> 理。求氣於理之先者，二之，則不是。（自注：理氣
> 無先後，二之不是本。朱子舊說，薛氏、羅氏、劉氏
> 皆申之，似無待辯，然諸注皆是分為二，何邪？此文
> 是作，述明眼人自知之以申戴為異者眼孔太小。）[42]

　　在此，黃式三不僅反對理氣二分之說，且指出由此而抨
擊戴震者之狹隘；另在申述戴震論理之觀點時，則列出戴震
述「理」、「天理」異於宋明儒者所論，包括天理並非超乎
陰陽之上，而是在陰陽氣化之中，是故，就人而言，所謂的
「理」就不再是如理學家所說乃「天理同具於心」且完全自
足，修養工夫亦不是要求人們藉由問學以回復受氣稟所拘而
汙壞的初始「天理」，而是以「人情之不爽失」、「無過情
無不及之情」為「理」，必須透過問學擴充的工夫來完成，
此即「始於蒙昧，終於聖智」的進路[43]。這些論述明確地指
出戴震義理與朱子之差異，但隨即又言「雖然，盍言其同？」
並引錄程、朱及「遵守程、朱者」所論：

> 《程子遺書》言：「天之付與之謂命，稟之在我之謂

---

42 黃式三：〈申戴氏氣說〉，《儆居集》，經說三，頁5上-5下。
43 黃式三：〈申戴氏理說〉，《儆居集》，經說三，頁5下-6下。

性,見於事業之謂理。」朱子於《孟子》注引程子《易·
艮卦》之《傳》曰:「在物為理,處物為義。」於《近
思錄》又引之。……陳氏北溪,朱門高弟也,曰:「理
是事物當然之則,……理與義對言,理是在物當然之
則,義所以處此理者。」明薛氏敬軒、羅氏整庵,大
儒之遵守程、朱者也。薛之言曰:「其中脈絡條理,
合當如此也。」又曰:「所謂理者,萬事萬物自然之
脈絡條理也」。……羅之言曰:「學者溺于明心見性
之說,于天地萬物之理不復致思,故常陷於一偏,而
不可與入堯、舜之道。」又曰:「士之好高欲速者,
以理但當求之於心,書可不必讀,讀可不必記,貽後
學無窮之禍。」張氏楊園,近儒之嫥守程、朱者也,
張之言曰:「聖人教人,一則曰窮理,一則曰精義。
有物斯有理,處之得宜則義也,故曰有物有則。」……
程、朱、陳、薛、羅、張之言如此,合戴氏言參之,
則理也者,在物當然之則,是聖人所條分縷析,而君
子所不敢紊也。

明儒薛敬軒、羅整庵皆宗朱子。理不外事,必依薛而
始實;中和存發、理氣分合,必依羅而始實。[44]

　　黃式三引程、朱及「朱門高弟」陳淳(1153-1217)與明
儒「遵守程、朱者」薛瑄(1389-1467)、羅欽順(1465-1547)、
張履祥(1611-1674)等人論「理」與戴震義理相牽合,歸納

---

44 黃式三:〈申戴氏理說〉、〈漢宋學辯〉,《儆居集》,經說三,頁 7
　　上-8 下;頁 24 上。

出「理也者，在物當然之則」，用以說明戴震所論與程、朱是可以相參合，達到一致的。姑且不論這種缺乏從義理系統中考察，僅就薛、羅等儒者個別言論相近之處相比附的方式是否足以證實即合於戴學；以及薛、羅等人的義理思想是否完全隸屬於程朱一脈等必須進一步商榷的問題外[45]，黃氏這樣的作法實沒能解決程朱義理與乾嘉義理之間本質不同的問題；且在其以乾嘉義理爲主軸的基礎之下，程朱理學之意涵將不免走向消解淡化。

再如論人性。黃式三指出孟子以口、目、耳、鼻、四肢之於味、色、聲、臭、安佚等爲自然之性，但論性善則「嫥以心之能說理義者」。在黃氏看來，宋儒論性大致上亦遵孟子，「惟理氣之分，程子掰之，朱子成之，而戴氏力辨之耳。」又條舉七項戴震駁斥朱子言性之內容，主要皆於源於朱子主理、氣之分，故而造成「離氣質而空言天理之善」之謬。[46]對於戴震肯定人欲、抨擊所謂「人欲淨盡、天理流行」之論，黃式三有言：

---

45 現代學者論及明清儒者的哲學型態，除了以理爲本、以心爲本之外，另有一以氣爲本的學說型態，其中被納入氣學型態討論之學者即包括薛瑄、羅欽順。這意味著薛、羅二人學說實已有別於程、朱一脈，是否可以視爲程、朱嫡傳，恐仍有商榷空間。相關討論，請參劉又銘：〈明清儒家自然氣本論的哲學典範〉，《國立政治大學哲學學報》，第 22 期（2009年 7 月），頁 1-36；馬淵昌也：〈明代後期「氣的哲學」之三種類型與陳確的新思想〉，收於楊儒賓、祝平次編：《儒學的氣論與工夫論》（臺北：臺大出版中心，2005 年），頁 161-202；楊儒賓：〈檢證氣學 —— 理學史脈絡下的觀點〉，《漢學研究》，第 25 卷第 1 期（2007 年 7 月），頁 247-281。

46 黃式三：〈申戴氏性說〉，《儆居集》，經說三，頁 11 下-14 上。引文見頁 11 下、13 上。

或曰戴氏言「意見之不可當理」，固矣，而昔儒言「人欲淨盡，天理流行」，亦復破之，得無使逞欲者之藉口乎？曰：否否，不然也。《論語》稱公綽之不欲、勸季康子以不欲，皆戒私欲也。戴氏所謂學者莫患乎自私也。《論語》言「欲而不貪」，「富與貴，是人所欲」；《孟子》言「生我所欲」、「欲貴者人之同心」、「廣土眾民，君子欲之」，此皆不諱言欲者。專恣之欲不可有，同嗜之欲不能無也。後儒為《列》、《莊》、《淮南》之學者，謂儒家設立禮儀，辨別等次，誘之以欲，而強之以節欲，此顯斥儒說，而自申其清淨無欲、毀棄禮義之恉，固不可不辯。其援無欲之說，以附於程、朱者，謂人欲淨盡，即天理流行，……主於去情欲，以勿害之，不復以學問擴充之，是尤不可不辯。戴氏之所辯如此而已。……《論語》「三月不違仁」之注，程子嘗以無私欲為仁，朱子更之曰：「心不違仁者，無私欲而有其德」，是不謂過欲即存理也。[47]

　　黃式三認為戴震力斥「人欲淨盡」之說，實非專就程、朱而論，而是針對「《列》、《莊》、《淮南》之學者」所主「清淨無欲」之說，以及後儒又將此「無欲」之說依附於程、朱之學，致使對程、朱理解謬誤而提出辯駁，並且指出戴震所認肯的是天下人「同嗜之欲」。至於「專恣之欲」，即私欲，則必須戒除淨盡，這與程、朱見解是相同的；換言

---

47 黃式三：〈申戴氏理說〉，《儆居集》，經說三，頁 9 上-10 上。

之，在黃式三的理解中，戴震的主張不僅同於《論》、《孟》，亦與朱熹所論無異，甚至可以更進一步說，戴震頗有承續、發展朱子義理思想的意味。乍看之下，黃式三似乎是推尊朱子，以朱子為宗，但若細究上文所引黃氏申論戴震論氣時，所言「非氣之外別有一理」；申論戴震言理時列舉程、朱、陳淳、薛瑄、羅欽順之言凸顯「理」必於實事實物中探求；以及本段引文中再三強調的「人欲」乃人所本有，反對「無欲」、「遏欲」之說等等，不難看出黃式三是以戴震思想為主軸，並掇拾程、朱部分言詞加以比附做為二者不相悖的證明，這反而在某種程度上說明了黃氏對於程、朱思想理解的侷限，甚至謬誤。故而當黃氏在闡述戴震論理、論性思想後，總結言：

> 夫後儒之疑戴、罵戴者，為其說之駁程、朱耳，而以程、朱之所自言，與尊信程、朱者之所言，參互引證，學者可平心讀之。去戴氏之矯枉過正，而取其所長，在善學者之實事求是也。

> 讀經有所得，雖異於程、朱二子，而不敢自隱耳。戴氏之說，讀者求其是而已，何必同？或曰：理氣之辨，道統之大綱也。此說果誤，後儒何取法焉？曰：後儒志力行，當於經訓之燦著者尋繹之，以求無背於朱子，而必曉曉然自申其不可窮詰之說乎？[48]

---

48 黃式三：〈申戴氏理說〉、〈申戴氏性說〉，《儆居集》，經說三，頁11上：頁15下。

上述引文，一方面指出戴震即使有駁斥程、朱之言，但事實上只是「矯枉過正」，若後世習者能相互參照程朱及其他推崇程朱者之言，便可在實事求是的原則上擇取論說之長，故不應以此苛責戴震；另一方面則坦承對於研讀經書所得大義有異於程、朱，但在「實事求是」、「求其是」的前提下，應講求的是合於經義之言並踐行於世，而非爭論那些無法窮究之談。顯然，儘管黃式三推崇朱子經學成就，但對於朱子義理思想的理解及接納，實有待商榷，更遑論融合程、朱與戴學思想了。由此看來，黃式三推崇朱子，乃著眼於其經學發展史觀下訓釋經籍的問學工夫；至於朱子的義理思想，並非黃氏關注的焦點，或者可進一步來說，黃氏在乾嘉義理思想的歸趨之下，似乎未能、亦無意深究程朱理學，如此一來，黃式三亟力標榜的不拘漢、宋門戶之說，顯然無法在義理思想中呈現出來。那麼，黃式三所謂的治經「漢、宋兼采」，僅意味著對宋學治學工夫采兼容並包的態度；就義理思想而言，漢、宋之學並未曾調和或泯除其間的差異。

四、結　語

黃式三在思想上承繼了乾嘉漢學體系，落實於治學工夫則強調由訓詁考據入手；然而面對宋學卻一改多數乾嘉儒者全面否定的態度，肯定程、朱治經成就，倡論治經兼采漢、宋。然而，梳理黃氏宗漢、尊宋的相關論述後，可以發現在漢、宋兼采的表面下，其對於漢、宋學仍有不同的定位與意義。

基本上，黃式三認爲漢、宋學是經學發展過程中前後相繼的兩個階段，宋學乃繼漢學而起；換言之，朱子是繼鄭玄

之後最具代表性的經學家，即漢學的傳承者，這是將朱子納入漢學體系中來看，故而屢屢凸顯朱子重視訓詁、不廢注疏之言作為論據。這是黃式三在乾嘉學術的問學工夫中所標舉「訓詁明而後義理明」的歸趨下，對朱子問學工夫的肯定。然而，在朱子思想體系中所論的經籍訓解，乃在探究「分殊之理」，這只是修養工夫的先行過程，另還要加上抽象的自覺體證工夫（即「涵養須用敬」），才能掌握其終極之「理」，且自覺體證的工夫是修養整全過程中甚為關鍵的部分；這與黃式三所言考據典籍工夫後所得即是探求的終極之「理」，大相逕庭。

　　因此，黃式三所推崇的宋學或朱子，事實上僅止於工夫論中探求「分殊之理」的部分（即典籍訓詁），故而不廢宋學；至於義理思想則往往出現相左之見，而黃氏在「尊讓前賢」的前提下，便掇拾程、朱部分詞語以證明與乾嘉義理不相悖，或援引薛瑄、羅欽順等人所論之言相比附，難有進一步的釐析。由此看來，黃式三的漢、宋兼采之論，實際上仍不脫乾嘉漢學的思考模式，對於宋學態度的改變，亦不意味著接納宋儒義理思想。那麼，在清代學術史中述及漢、宋學之爭後繼起所謂的「漢、宋兼采」者如陳澧、曾國藩等人，雖充分展現了消彌門戶之爭的努力，然而是否真能泯除或調和二者思想內涵、修養工夫等本質的差異，恐怕都是值得再商榷的。[49]

---

[49] 曹美秀〈晚清漢、宋學視野中的朱子 —— 以陳澧與朱次琦為例〉一文中，即指出陳澧、朱次琦雖在漢宋調和的論述中，被相提並論，但事實上二人學術立場並不相同，前者立足於漢學，後者則立足於宋學，唯二人對漢宋學關係的態度已不同於乾嘉時期之儒者，實是將對方（宋學/漢學）

收編於自己的系統之內。參見《成大中文學報》第 31 期（2011 年 12 月），
頁 163-188。

第五章　黃式三《論語後案》詮釋

一、前　言

　　漢、宋之爭向來是論究清代學術發展中重要的課題之一。在梳理漢、宋學論爭的過程中，發現此一論題的複雜，部分乃肇因於清儒對於所論漢學、宋學內涵的概念層次不同。首先關於清儒所論「漢學」的概念，其一是指崇尚漢人古訓、家法，由此主張透過識字審音以掌握經典義理的解經範式，如惠棟（1697-1758）、盧文弨（1717-1795）、錢大昕（1728-1804）等人所倡議之論[1]，遂成爲清代治學方法的主流，這可說是狹義的清代「漢學」；其二是用以泛指整個清代或乾嘉學術，其內涵除了前述的治經範式之外，更包括

---

[1] 如惠棟〈上制軍尹元長先生書〉中自述家學四世「咸通漢學，以漢猶近古，去聖未遠故也。」又〈九經古義述首〉言：「漢人傳經有家法……經之義存乎訓，識字審音乃知其義，是故古訓不可改也，經師不可廢也。」參見氏著：《松崖文鈔》收於《叢書集成續編》第 191 冊（臺北：新文豐出版公司，1989 年，影印《聚學軒叢書》），卷 1，頁 44、51。盧文弨〈九經古義序〉：「漢人去古未遠，其所見多古字，其習讀多古音，故其所訓詁，要於本旨爲近，雖有失焉者寡矣。」參見氏著：《抱經堂文集》（北京：中華書局，1985 年），卷 2，頁 25。錢大昕〈臧玉林經義雜識序〉：「詁訓必依漢儒，以其去古未遠，家法相承，七十子之大義猶有存者，異於後人之不知而作也。」參見氏著：《潛研堂集・文集》（上海：上海古籍出版社，2009 年），卷 24，頁 391。

了以戴震（1723-1777）爲首所主「氣」爲根源的乾嘉義理思想，這可說是廣義的清代「漢學」，是多數現代學者論及清代「漢學」的內涵。由清儒這兩個不同層面的「漢學」爲基礎，便不難理解焦循（1763-1820）反對的是狹義的「漢學」，實有別於方東樹（1772-1851）作《漢學商兌》所抨擊的廣義「漢學」；而龔自珍（1792-1841）對於江藩（1761-1831）書稱《國朝漢學師承記》名目提出了「十不安」，直指名爲「漢學」之不安[2]，主要意旨即在於狹義的「漢學」實不足以概括清代一切學術。再者，關於清儒所論「宋學」的概念，其一是專就宋人所建構形上的理、道、氣等義理思想及以此所作的經典詮釋，這個狹義的「宋學」是戴震（1724-1777）、凌廷堪（1755-1809）、焦循所極力貶斥的；其二則是泛指宋代學術，內涵除了理學之外，亦包括修身致行之學，這是廣義的「宋學」[3]。釐析了清儒對於漢、宋學概念的不同層次後，或可指出方東樹從維護廣義的「宋學」立場攻詰江藩所標舉狹義的「漢學」，實爲失焦的爭論；並了解戴震、凌廷堪批

---

2 關於焦循之論，請參本書第二章〈焦循對乾嘉漢學之評議〉。龔自珍之論，參見〈附江子屏牋〉，《龔定盫全集類編》（臺北：世界書局，1960 年），卷 7，頁 211-212。

3 漆永祥曾指出：「乾嘉學者所講的宋學，一般包括兩層含義，一是指宋代經學，幾乎全被他們否定；二是指宋明理學，則是有肯定、有否定。肯定其正心誠意、立身致行之學，而否定其性理之學。」參見氏著：《乾嘉考據學研究》（北京：中國社會科學出版社，1998 年），頁 24。余英時〈清代儒家智識主義的清起初論〉則將宋學區分爲狹義及廣義：狹義的是指用儒「道」的形而上哲思來定義宋學；至於廣義的宋學，則涵括了宋代發端的「有體、有用、有文」的整體新儒學。參見氏著，程嫩生、羅群等譯：《人文與理性的中國》（臺北：聯經出版公司，2008 年），頁 155-198，尤其 170-177。相關討論，亦可參見張循：〈清代漢、宋學關係研究中若干問題的反思〉，《四川大學學報（哲學社會科學版）》，2007 年第 4 期，頁 43-53。

評狹義的「宋學」，且同時對於狹義的「漢學」亦有不滿的言論。[4]現今學者則多從義理思想歧異的角度來析論清代的漢、宋之爭，即無論是在治經上對漢、宋儒經說的取捨亦或概括地評斷漢、宋兩陣營的攻防，勢必都將涉及這些取捨、攻防中所含藏的理據、思想；換言之，無論是考究廣義或狹義的漢、宋之爭，乾嘉義理與程朱理學才是論爭的根源所在。

　　嘉、道時期，儒者黃式三（1789-1862）即是值得深究的對象。黃氏曾撰〈申戴氏氣說〉、〈申戴氏理說〉、〈申戴氏性說〉以推闡戴震思想，且作〈約禮說〉、〈復禮說〉、〈崇禮說〉彰揚、修正凌廷堪禮學思想[5]，足見在義理主張上似乎是頗具乾嘉義理色彩的儒者；另一方面黃氏則撰寫《論語後案》[6]，具錄何晏（？-249）《論語集解》（以下簡稱《集解》）、朱子（1130-1200）《論語集注》（以下簡稱《集注》）之注文於各條之下，後加案語以明己意，其自言：

　　　夫自元、明以來數百季，聚天下之才人學士，使之畢

4　關於戴震、凌廷堪斥責株守漢儒經說，參見戴震：〈與某書〉、〈與任孝廉幼植書〉、〈與王內翰鳳喈書〉，《戴震集・文集》（臺北：里仁書局，1980 年），卷 9，頁 187、181；卷 3，頁 54。凌廷堪：〈辨學〉、〈與胡敬仲書〉，《校禮堂文集》（北京：中華書局，1998 年），卷 4，頁 33-35；卷 23，頁 203-206。

5　參見張壽安：〈黃式三對戴震思想之回應〉，收於《清代學術論叢》（臺北：文津出版社，2002 年），第三輯，頁 253-281；《以禮代理 —— 凌廷堪與清代中葉儒學思想之轉變》（石家莊：河北教育出版社，2001 年），頁 146-157。

6　《論語後案》有道光 24 年（1844）活字印本（甲辰本）和清光緒 9 年（1883）浙江書局刻本，後者為修訂本。相關說明，請參黃式三著，張涅、韓嵐點校：《論語後案》（南京：鳳凰出版社，2008 年），附錄，頁 547、頁 552-553；本書第四章〈黃式三漢宋學觀之商兌〉注 4。

力於《論語》，故說之者多。不佞素無門戶之見，急
分漢學、宋學，故采之也備。

凡此古今儒說之會萃，苟有裨於經義，雖異於漢鄭
君、宋朱子，猶宜擇是而存之。……式三不揣固陋，
搜討各書體六經異師不可偏據之意，過而黜之，不如
過而存之。於是廣收眾說，間坿己意，書成，名之曰
《後案》。夫近日之學宗漢、宗宋判分兩戒，是書所
采獲上自漢、魏，下逮元、明以及時賢，意非主為調
人，說必備乎眾，是區區之忱端在於此，而分門別戶
之見不敢存也。[7]

黃式三之弟黃式穎（1796-1868）亦言：

余四兄薇香於朱子之書既徧讀之而徐悟之矣，然《後
案》中博采所異，以備一通，或據所異者以為主，談
經者或驚之。式穎曰：經義之廣大精微難盡窮也，雖
經巨儒之注釋而義未盡明，賴後之人拾遺校失。……
而後之宗漢、宗宋者為輪攻則玉石炎焚，為墨守則門
戶壅蔽，揆之於心，皆所不安。薇香兄所著《尚書啟
蒙》、《易釋》、《春秋釋》、《儆居集》中亦有經
說，皆不拘漢宋，擇是而從。《論語後案》之書於文
字、訓詁、聲音、名物、制度、事蹟考之固詳，而義
理之學專取其切合於事情者，而去其虛縣不可窮詰之

---

7 黃式三：〈論語管窺敘〉、〈論語後案自敘〉，《論語後案》，頁547，
552。

辭。[8]

　　黃式三說明自身治經漢、宋兼采的原則，這應是《論語後案》一書被歸爲清代漢宋兼采的《論語》相關著作之因[9]；另一方面同時又強調「擇是而存」，顯見在梳理《論語》過程中，雖「采之也備」、「必備乎眾」、「博采所異」，但黃氏對經義的取捨不只是單純地引錄漢、宋儒經說，所謂「擇是而存」即意味著這輯錄諸說的過程中仍潛存著自身對經義的肯認、取捨甚至創說。依此來看，黃式三的思想型態即使被歸屬於乾嘉義理一派，然而所撰寫《論語後案》在倡論不拘漢、宋門戶的主張下，對於朱子《論語集注》中義理思想是否有別於戴震、焦循等人全面批駁的態度？乾嘉義理與程朱理學中諸多歧異的詮解及最終的擇取爲何？本文即是基於上述的「問題意識」所撰寫；此外，亦嘗試在釐清問題的同時，能由其中窺探清代主張漢宋兼采、調和者在經典詮釋上的一些特質。本文擬從以下三點進行論述：首先，論析黃式三「申戴尊朱」的義理主張，說明黃氏抱持著漢、宋乃至清代學術實爲一脈相續的前提下，思想上雖承襲、闡揚了戴震的義理，但卻不同於戴震、焦循、凌廷堪等人在爭取儒門「正統」的意識下將程朱理學貶斥爲「異端」的作法[10]，反而屢言戴學諸多主張與朱子學脈並無二致，一方面顯見其會通朱學

8　黃式穎：〈論語後案敘〉，收於《論語後案》，頁 550-551。

9　如張清泉《清代論語學》（臺中：逢甲大學中國文學系碩士論文，2008年），即是將《論語後案》歸爲「漢宋兼采」一類。

10　參見林啓屏：〈「正統」與「異端」── 以清初的經典認同爲例〉，收於氏著：《儒家思想中的具體性思維》（臺北：臺灣學生書局，2004年），頁 69-136。

的態度，同時也是黃氏治經、解經漢宋兼采的基礎；其次，考察黃式三《論語後案》詮釋的內容，尤其論仁、性、禮、一貫等論題，並以朱子《論語集注》爲參照，彰顯黃氏詮解的理路特色；最後，藉由前述討論爲依據，闡述黃式三《論語後案》標舉漢宋兼采的旗幟，實仍以乾嘉義理爲主軸來詮釋，並就程朱理學中擇取能與清代學風相應的部分進行重詮，在這重詮中，已經寄寓了黃氏自身思想與其理解的時代意義。

二、黃式三「申戴尊朱」的義理主張

黃式三的義理主張，主要見諸於《儆居集》經說類之論述，尤其以〈約禮說〉、〈復禮說〉、〈崇禮說〉三文論禮學思想，以及〈申戴氏氣說〉、〈申戴氏理說〉、〈申戴氏性說〉三文闡發戴震思想最受到現代學者重視及討論。基本上，前者指出自宋代謝良佐（1050-1103）、陸九淵（1139-1193）、至明代王陽明（1472-1529）等人「以心之肊見爲理」、「以本心之天理言禮」之誣，主張禮乃源於「聖人順人之性而爲之制」，復禮即「仁之實功」、「盡性之實功」；而禮既爲德性，故修德問學皆須崇禮，所謂「知禮之爲德性也而尊之，知禮之宜問學也而道之。道問學，所以尊德性也」[11]。後者則闡發戴震論氣、理、性等思想：關於論氣，黃式三由認同戴震以氣之形成前、後的觀點言道、器，

---

11 參見黃式三：〈約禮說〉、〈復禮說〉、〈崇禮說〉，《儆居集》，收於《儆居遺書二種》（臺北：中央研究院傅斯年圖書館藏，清光緒14年（1888）續刻本），經說一，頁3下-15下。

進而直指氣乃天地萬物根源，離氣而言理、求道將流於空渺；關於論理，則列出戴震述「理」、「天理」異於往昔學者所論，包括天理並非超乎陰陽之上，而是在陰陽氣化之中，因此，對人而言，所謂的「理」就不再是如理學家所說乃「天理同具於心」且完全自足，修養工夫亦不是人們藉由學以回復受氣稟所拘而汙壞的初始「天理」，而是以「人情之不爽失」、「無過情無不及之情」爲「理」，必須透過爲學擴充的工夫來完成，此乃「始於蒙昧，終於聖智」的進路；關於論性，黃式三條舉七項戴震駁斥朱子言性之內容，主要皆於源於朱子主理、氣之分，故而造成「離氣質而空言天理之善」之謬，戴震則本諸氣質以論人性。

　　按上所論，黃式三的思想縱使有些部分被現代研究者指爲「逸出戴學」、「隔了一層」、「溢出戴學本旨而爲之轉進」[12]，但大體上屬於乾嘉以來戴學義理體系，應是毋庸置疑的；較特別的是黃氏對於程朱理學的態度，相較於戴震斥程朱思想爲「雜乎老、莊、釋氏之言，終昧於《六經》、孔、孟之言」、凌廷堪譏言「無在而非理事，無在而非體用，即無在而非禪學矣」[13]如此嚴厲的批判，黃氏在申述戴氏之觀點有異於朱子後，隨即徵引程、朱及後世被歸類爲程朱學派的儒者之言，以明戴學主張實仍承於程朱學脈，如論理時引錄《程子遺書》「天之付與之謂命，稟之在我之謂性，見於事業之謂理」、朱子《論語或問》「理以事別」、陳淳（1153-1217）

12　參見王茂等著：《清代哲學》（合肥：安徽人民出版社，1992 年），頁688、689；張壽安：〈黃式三對戴震思想之回應〉，收於《清代學術論叢》，第三輯，頁279。
13　戴震：〈性〉，《戴震集‧孟子字義疏證》，卷中，頁296；凌廷堪〈好惡說下〉，《校禮堂文集》，卷16，頁143。

「理是事物當然之則」、薛瑄（1389-1467）「所謂理者，萬
事萬物自然之脈絡條理也」、羅欽順（1465-1547）「士之好
高欲速者，以理但當求之於心，書可不必讀，讀可不必記，
貽後學無窮之禍」、張履祥（1161-1674）「有物斯有理，處
之得宜則義也，故曰有物有則」等言，說明戴震之言與宋、
明以來的儒者所論並無太大差異，並言：

> 程、朱、陳、薛、羅、張之言如此，合戴氏言參之，
> 則理也者，在物當然之則，是聖人所條分縷析，而君
> 子所不敢紊也。[14]

顯然，黃式三只就薛、羅等儒者個別言論相近處以比附
戴學，強調應與戴震的主張相互參照，最終所認同的仍是戴
震理在氣中、論理必於實體實事中分析探究的觀點，並沒有
真正會通、融合戴、朱二者的差異。又關於戴氏肯定人欲，
抨擊「人欲淨盡、天理流行」時，黃式三則指戴震的說法正
呼應了《論語》戒私欲、《孟子》強調「專恣之欲不可有，
同嗜之欲不能無」等觀點，且引朱子言「天理人欲，同行異
情」，說明朱子亦不主張絕欲，並總結言：

> 夫後儒之疑戴、罵戴者，為其說之駁程、朱耳，而以
> 程、朱之所自言，與尊信程、朱者之所言，參互引證，
> 學者可平心讀之。去戴氏之矯枉過正，而取其所長，

---

14 黃式三：〈申戴氏理說〉，《儆居集》，經說三，頁 7 上-8 下。

在善學者之實事求是也。[15]

　　這裡黃式三認爲即使戴震有駁斥程、朱之言，但批評戴震者宜參照程朱及其他推崇程朱者之言，便可理解戴震容或有矯枉過正之疑，然善學者應在實事求是的原則上汲取其論說之長。姑且不論黃式三這種比附的方式是否足以印證戴學與薛瑄、羅欽順、張履祥等思想相符，然至少呈現出黃氏對於程朱之學不僅沒有貶責之意，甚至存有一定的推崇之情。再如黃式三認爲戴震批判朱子的理、氣之辨，以及論性有義理、氣質之別，乃承程子門人楊遵道、朱子門人劉季文之見，非戴氏創說[16]，最後對朱子經說評曰：

　　讀經有所得，雖異於程、朱二子，而不敢自隱耳。戴氏之說，讀者求其是而已，何必同？或曰：理、氣之辨，道統之大綱也。此說果誤，後儒何取法焉？曰：後儒志力行，當於經訓之燦著者尋繹之，以求無背於朱子，而必曉曉然自申其不可窮詰之說乎？朱子見人之氣質多粗駁，因謂氣之善者，理實主宰之意，亦欲人擴充此善端也。《論語》注云：「明善以復其初，亦謂學以擴充其善，不泪本心之善端也。」戴氏所謂朱子引《莊子》語，而指歸異也。且朱子見人之氣質粗駁者，或為物欲所誘，或為柔昧所拘，兢兢然以變化氣質為教。此即孟子不謂性及忍性之說，所當法朱

15　黃式三：〈申戴氏理說〉，《儆居集》，經說三，頁9上-10上；頁11上。

16　黃式三：〈申戴氏性說〉，《儆居集》，經說三，頁14上-14下。

子者在此也，夫必好為捕風捉影之談乎哉！[17]

這段引文中，黃式三坦承對於研讀經書所得大義確實有別於程、朱，主要所指的即是攸關道統大綱的理、氣之辨，但是在「求其是」的前提下，應講求的是合於經義之言且篤志踐行，而非爭論那些無法窮究之談；甚至認為朱子論性分義理、氣質之性固然有所差謬，但朱子終歸是「欲人擴充此善端」、「以變化氣質為教」，這與孟子的旨歸仍有一定程度相符。看來，黃式三以上述這種比附程朱後學與戴學相符的方式申戴，即使可能是出於乾嘉義理與程朱理學相互攻伐的趨勢之下所採的策略[18]，然而，申戴之餘，黃氏對於朱學所展現包容、會通的態度，並且試圖為朱學論述中飽受乾嘉學者訾議的部分提供不同的考察角度，以明仍有可法之處，這都是前此所少見的。[19]當然，從上述有關黃式三「申戴尊朱」義理主張的討論後，仍可看出黃氏專主於戴震義理的立場，對於朱學態度雖異於過去戴學一派的學者，甚至認為戴學在某種程度上乃朱學之接續，但這並不意味著接納程朱理學，更遑論有所謂的融合二者思想。

從黃式三在義理上「申戴尊朱」的立場，再看其所主張

---

17 黃式三：〈申戴氏性說〉，《儆居集》，經說三，頁 11 上；頁 15 上-15 下。
18 參見王茂《清代哲學》：「黃式三何以於舉世滔滔討伐戴學之時出而『申戴』，自然是有感於時勢。……在駁戴、申戴雙方，其心其理均不能同，沒有共同語言，辯復何益？黃氏出而申之，亦可見當時世人不乏為戴學鳴不平者。」頁 690；張壽安〈黃式三對戴震思想之回應〉：「從式三申戴卻必須步步為營，句句上溯程朱弟子以證戴學與朱學流脈之並無二致，可以想見新義理的伸張者所受學界壓力之大。」收於《清代學術論叢》，第三輯，頁 278-279。
19 相關討論，請參本書第四章〈黃是三漢宋學觀之商兌〉。

的治經態度與方法。基本上，黃式三秉承乾嘉義理，在修養工夫上重視智識的擴充與培養[20]，強調經典價值，屢言儒者應「以治經爲天職」[21]，至於治經的方法，則強調由訓詁考據入手的重要性[22]，此一主張雖與乾嘉學者「訓詁明而後義理明」[23]之論並無二致，然而黃氏仍有別於乾嘉治經學者緣於「去古未遠」、「去聖賢尤近」[24]而獨厚漢人經說、貶抑宋儒治經的觀點，認爲治經若株守漢、宋，將造成「自欺欺人」、「欺聖欺天而不悟」，使得「經義大不明于天下」[25]，因此，力主「各用所長以補所短」，他表示：

> 漢之儒有善發經義者，從其長而取之；宋之儒有善發

---

20 黃式三〈性重擴充說〉：「《易》曰『窮理盡性』，《孟子》曰『盡其心者，知其性也』。何謂盡？窮究物理以擴充其善端而已矣。人心有惻隱羞惡辭讓是非之四端，端之待充如物之待養。」參見氏著：《儆居集》，經說二，頁 16 下。

21 黃式三言：「蓋士不用世，當以治經爲天職矣」、「儒者無職，以治經爲天職」、「寒士無職，以治經爲天職」。參見氏著：〈上達說〉、〈漢宋學辯〉、〈知非子傳〉，《儆居集》，經說二，頁 10 下；經說三，頁 21 下；雜著四，頁 20 下。

22 參見黃式三：〈漢鄭君萃言敘〉、〈漢宋學辯〉，《儆居集》，雜著一，頁 14 下-15 上；經說三，頁 23 上。

23 戴震〈題惠定宇先生授經圖〉：「故訓明則古經明，古經明則賢人聖人之理義明，而我心之所同然者，乃因之而明。」參見氏著：《戴震集·文集》，卷 11，頁 214。

24 阮元〈國朝漢學師承記序〉：「兩漢經學所以當尊行者，爲其去聖賢最近，而二氏之說尙未起也」；〈西湖詁經精舍記〉：「聖賢之道存于經，經非詁不明。漢人之詁，去聖賢爲尤近。」參見氏著，鄧經元點校：《揅經室集·一集》（北京：中華書局，2006 年），卷 11，頁 248；《揅經室集·二集》，卷 7，頁 547。案：相似論說，可參見註 1。

25 黃式三：〈易釋敘〉、〈劉君星若家傳〉，《儆居集》，雜著一，頁 8 下；雜著四，頁 16 上。

> 經義者，從其長而取之。各用所長以補所短，經學既
> 明，聖道自箸。經無漢、宋，曷為學分漢、宋也。[26]

在黃式三看來，漢、宋兩代治經各有所長，不應囿於門戶之見而有偏頗，所謂「從其長而取之」，正與其撰《論語後案》所倡「擇是而存」相互呼應。事實上，若追溯黃氏之所以能夠擺脫長久以來蔑視宋人經說的風氣，應與其論學術發展的主張有關：

> 世推北海鄭君康成為經學之祖，輒復以短于理義而小
> 之，鄭君果短于理義乎哉？……漢儒之經注易而簡，
> 鄭君依此例以注經，經已明者，不申說，而申說者復
> 不為艱深之言、衍蔓之語。後人因其易而輕之，因其
> 簡而略之，此讀者之過，非鄭君之過。不揣固陋，讀
> 鄭君箋注，略舉粹言以見梗概，此特豹斑之窺一耳，
> 而天人性命之恉，世運盛衰之故，亦已包括無遺矣。
> 讀此書者，庶幾知漢學之後繼以宋學，二者並存天
> 地，不必畫山河之兩戒，後儒存分門別戶之見，或藉
> 是以融之。若讀此書而陵轢濂、洛、關、閩之儒，非
> 區區編輯之意也。[27]

上述引文是黃式三有鑑於宋、明儒者批評漢儒鄭玄（127-200）經說疏於義理，特撰《漢鄭君粹言》一書為辯所撰寫之序文。文中黃氏一方面認為鄭玄注經乃本漢代「易而

---

26 黃式三：〈漢、宋學辯〉《儆居集》，經說三，頁21下-22上。
27 黃式三：〈漢鄭君粹言敘〉，《儆居集》，雜著一，頁14下-15下。

簡」的風格，但後人遂只見鄭玄訓解經書之篤實而疏略了其
箋注中所涵括的義理；另一方面更指出既然義理的探究自鄭
玄業已展開，非宋、明儒者首創，宋儒是承繼漢人而起，二
者為前後相繼的兩個階段，不應視為相對立的二派，亦無爭
勝的必要，這是黃式三主張治經漢、宋兼采的基礎。再看：

> 自明季儒者疏於治經，急於講學，喜標宗旨，始有漢
> 學、宋學之分。……漢、宋學各有支離，支離非經學
> 也。既為經學，漢、宋各有所發明，後儒沒所長攻所
> 短，至叩其墨守之說，則明知有害于經而故諱之。……
> 漢學所宗仰于今者，元和惠氏、休寧戴氏，而讀兩家
> 之書，于漢師鄭君之說有不能強通者，與宋儒之說多
> 同。自鄭君後九百二十七年而為南宋，生其間者，各
> 求校正漢注之失，一時儒者遂參據之以箸于書，不能
> 廢也，以其皆為經學也。

> 漢無兩鄭君，宋無兩朱子，其瀏覽諸經舊說，擇善而
> 從，各能集一代之大成。……惟是元、明以降，一遵
> 朱子，竟不讀宋以前之書。所有撰箸大抵堅持門戶，
> 拘守而複衍之，遂欲坐分朱子闡明斯道之功。幸得閻
> 氏百詩、江氏慎修、錢氏竹汀、戴氏東原、段氏懋堂
> 諸公，心恥斯習，不糾纏朱子所已言，迺蒐輯古今遺
> 說，析所可疑，補所未備，其心誠、其論明，其學實
> 能合漢、宋所長，徹其藩籬，通其溝澮而盡掃經外之
> 浮言，則經學得漢宋之注十闕六、七，加今大儒之實

事求是，庶幾十闕八、九歟！[28]

這兩段文字同樣表達了治經必須兼采漢、宋人所長的原則。文中指出，即使是身爲乾嘉漢學之宗的惠棟和戴震，在經說上不免出現違於鄭玄卻同於宋儒的情形，因爲在黃式三看來，經書的注解自漢代集大成的鄭玄後，所有經學著作都是爲延續、校補漢注而作，這其中當然亦包含了朱子的經注在內，況且朱注亦如鄭學「能集一代之大成」，後世儒者應視同爲經學之一環，不可偏廢。在黃式三看來，不但漢、宋學有相承相續的關係，乾嘉學術中諸多大儒治經亦是在漢、宋之學的基礎上接續的發展，包括閻若璩（1636-1704）、江永（1681-1762）、錢大昕（1728-1804）、戴震、段玉裁（1735-1815）等人，能續補朱子所未備，更能「合漢、宋所長」，故而經學大義在漢、宋儒者闡釋下已得十之六、七，再加上清代儒者集大成之功則所得近乎十之八、九。綜合上述的論說，黃氏隱約地勾勒了一學術發展路徑，即由漢至宋，再由宋傳至乾嘉；宋學不再如戴震、焦循所斥爲「異端」而排拒於儒學道統之外，在「漢學之後繼以宋學」的視角下，宋學被納入了儒學的傳承，而乾嘉學術則是延續宋學，集漢、宋學之大成。

在此必須進一步說明的是，黃式三治經雖標舉漢、宋兼采，但並非單純地二者並重，細究黃式三之論實有主從之別。基本上，黃式三是將朱子定位於漢代經學系統的脈絡中，亦即把朱子視爲鄭學的延續而論的，尤其特別凸顯朱子亦重訓

---

28 黃式三：〈漢宋學辯〉、〈漢學師承記跋〉，《儆居集》，經說三，頁22 上-22 下；雜著一，頁 22 下-23 上。

詁、不廢注疏之言以爲論據，這是由乾嘉義理體系中重視經典考據工夫的視野下，對於朱子問學工夫的肯定；至於朱子透過注疏所構築的義理體系，對於黃式三而言，似乎無礙於其將之納入經學傳承中；在「擇是而存」的前提下，強調兼采漢、宋，這已預示了黃氏在朱子經說內容的理解上必然呈現迥異於過去戴震等乾嘉學者的樣貌。

三、黃式三《論語後案》詮釋內容

按上述所論黃式三「申戴尊朱」的義理主張及其相承繼的漢、宋學觀，那麼其強調不拘漢宋門戶原則下所撰《論語後案》，勢必就乾嘉義理、程朱理學思想體系中不同的詮解提出足以相應的論說。以下就黃式三《論語後案》中舉出涉及本體論、心性論、工夫論等範疇的內容加以分析，並以朱子《論語集注》相互參照，由此彰顯黃氏漢、宋兼采的詮釋理路。

（一）仁者，以人道待人，能相耦也

有子曰：「其為人也孝弟，而好犯上者，鮮矣；不好犯上，而好作亂者，未之有也。君子務本，本立而道生。孝弟也者，其為仁之本與！」

【集解】何曰：「……言孝弟之人必恭順，好欲犯其上者少也。」

【集注】此言人能孝弟，則其心和順，少好犯上，必

不好作亂也。

【後案】孔《注》言恭順，朱《注》言和順，阮雲臺
有〈釋順〉篇，合讀之而此節之義自明。[29]

對於孝弟之人的訓解，黃式三認爲綜合《集解》的「恭
順」、《集注》的「和順」之說，以及阮元（1764-1849）〈釋
順〉篇，則文中意旨自能通達。黃氏在此並列三者，顯然正
呼應了其兼采漢、宋儒說，而乾嘉承續且集大成的觀點。再
看關於「孝弟也者，其爲仁之本與」的詮解：

【集解】本，基也。基立而後可大成。先能事父兄，
然後仁道可大成。

【集注】務，專力也。本，猶根也。仁者，愛之理，
心之德也。為仁，猶曰行仁。……言君子凡事專用力
於根本，根本既立，則其道自生，如上文所謂孝弟乃
是為仁之本，……（程子）曰：「……謂行仁自孝弟
始，孝弟是仁之一事，謂之行仁之本則可，謂是仁之
本則不可。蓋仁是性也，孝弟是用也，性中只有箇仁、
義、禮、智四者而已，何嘗有孝弟來？」[30]

《集解》的注釋平實，只就文句進行訓解，殊少理趣；

---

29 黃式三著，張涅、韓嵐點校：《論語後案》，〈學而〉，頁 3。本文凡
　引用《論語》及朱熹《論語集注》、何晏《論語集解》，均據該書。
30 黃式三著，張涅、韓嵐點校：《論語後案》，〈學而〉，頁 3-4。

相較之下，朱子的注解已超出小學訓詁，實爲一哲學的詮釋。
按朱子的理路，「仁」是人所秉受於心之「理」或「天理」，
是心之所以能愛、能孝弟等德行的本原；再者，「仁」亦是
本心所具有且呈顯於外的德行（涵括仁、義、禮、智四者），
即所謂「心之德」，或其所屢言的「本心之德」、「心德之
全」、「心之全德」[31]，換言之，「仁」是先天即存有於人
心的德性價值，同時也是根基於此而發用於外的表現。依此，
朱子言「爲仁，猶曰行仁」，引程子之言指出「仁」與孝弟
分屬不同層次，孝弟乃人性發用於外所涵蓋的眾德之一。至
於黃式三《論語後案》則完全聚焦於具體人、事的實踐中論
「仁」，其云：

> 【後案】務，敏捷也。……《禮·中庸》、《表記》
> 「仁者，人也」，謂以人道待人，能相耦也。朱子《注》
> 云「心之德」者，「愛之理」所以為「心之德」也，……
> 《或問》朱子於《孟子》注云：「天地以生物為心，
> 而所生之物因各得夫天地生物之心以為心。」……而
> 又徧述《論語》之言「仁」者而申之曰：「此心也，
> 何心也？在天則块然生物之心，在人則溫然愛人利物
> 之心也。」見《文集》。凡《經》言仁，不離乎愛而
> 言，此《經》言愛所親與愛他人皆仁也。然人情於所
> 厚者薄即無所不薄，古今未有不孝不弟之人而不以涼
> 薄待人者，惟君子敏捷於本，仁由此廣。……程叔子

---

31 黃式三著，張涅、韓嵐點校：《論語後案》，〈學而〉「巧言」條，頁
　5；〈述而〉「志於道」條，頁171；〈泰伯〉「士不可以不弘毅」條，
　頁205。

> 曰「性中有仁,曷嘗有孝弟」,東發先生謂其求多於
> 本文之外,於是謝顯道言「孝弟非仁,知此心即知
> 仁」……。《禮‧中庸》「仁者,人也,親親為大」,
> 《孟子》「仁之實,事親是也」,皆以仁晐孝弟言也。
> 《孟子》又言孝弟為良知良能,是孝弟所以見性之仁
> 也。朱子錄程叔子說,節取「行仁自孝弟始」之辨耳。[32]

　　黃式三釋仁為「以人道待人,能相耦」,明顯承襲了乾
嘉義理傳統,強調「仁」必定是經由個己與他人會通經驗、
具體相涉的進路中完成[33],故而淡化了朱子論「仁」中所本
有具足德性的意涵,將含有先天、內在義的「愛之理」轉而
解為主觀現實的親愛他人之「愛」,這段看似申述朱子論「仁」
的文字,實際上已悖離了朱子理學的架構,呈顯的是戴震以
降以氣為本的思想型態下對經驗世界的重視;包括對於朱子
引錄程子言性「何嘗有孝弟」,黃氏以《禮記》、《孟子》
之言以證「仁晐孝弟」,這仍是由經驗世界論析「仁」意涵
的觀點而得。由此看來,黃式三這段對於「仁」的闡釋,實
將朱子理學中所具有超越現象界、經驗界的絕對完滿義的性
質消解淡化,取而代之的是現實世界的具體實踐;換言之,
「仁」的探求由先驗、內在於人的領域中省悟、體證,一變

---

32 黃式三著,張涅、韓嵐點校:《論語後案》,〈學而〉,頁4。
33 《論語後案》中相近的論述,如〈公冶長〉「孟武伯問子路仁乎」條後
　　言:「孟子言孺子入井,惻隱心動,是仁在一人一事也」;〈子路〉「如
　　有王者」條後言:「仁者,相親耦之謂也」;〈憲問〉「克伐怨欲不行
　　焉」條後言:「仁者生生之心周浹於彝倫之內而至誠無息,則此心大公
　　無我,善與人同。」參見黃式三著,張涅、韓嵐點校:《論語後案》,
　　頁109、頁371、頁388。

而為本諸實體實事中的分析、歸納了。再看：

> 仲弓問仁。子曰：「出門如見大賓，使民如承大祭。
> 己所不欲，勿施於人。在邦無怨，在家無怨。」仲弓
> 曰：「雍雖不敏，請事斯語矣。」

> 【集解】孔曰：「為仁之道莫尚乎敬。」包曰：「在
> 邦為諸侯，在家為卿大夫。」

> 【集注】敬以持己，恕以及物，則私意無所容而心德
> 全矣。內外無怨，亦以其效言之，使以自考也。程子
> 曰：「孔子言仁，只說『出門如見大賓，使民如承大
> 祭』，省其氣象，便須心寬體胖，動容周旋中禮。惟
> 謹獨，便是守之之法。」……「此儼若思時也，有諸
> 中而後見於外。觀其出門使民之時，其敬如此，則前
> 乎此者敬可知矣。非因出門使民，然後有此敬也。」

> 【後案】出門、使民，如之動容周旋中禮也。不欲、
> 勿施，復禮必克己也。……《注》言敬、恕，是也。
> 敬、恕晐人己而言，敬言使民，恕言己，《經》文甚
> 明。分言持己及物，與《經》相矛盾，本程子「謹獨」
> 之言而誤耳。……《經》舉出門使民，而學者必在未
> 出門、未使民前觀心之仁：皆本程子「慎獨」之意，
> 欲補聖言所未備。……若離聖言而空言存養，以此觀
> 仁，則又易流于禪而不從事於仁之實功，學者所宜知

也。[34]

　　《集解》的注文僅以「尙乎敬」來說明孔子對「仁」的行事準則，意義淺近；而朱子的注解則明顯結合了義理思想的發揮，所謂「私意無所容而心德全」，是說當私欲盡去之時，先天、內在於人的本心呈現，就是「仁」（或「天理」）的全幅展現，亦即「私欲淨盡，天理流行」[35]之意；朱子在此將孔子之言分釋爲「恕」、「敬」區隔人、己以作爲盡除人欲的方法，又引程子所論以明「敬」是指未踐行之前的自身涵養，專就個人內在做工夫，這是朱子修養工夫論中極爲重要的一環[36]，向來爲研究者所重。黃式三對於朱子區分內在存養與外在實踐的詮釋提出了批評：一方面黃氏雖同意朱子以「敬」、「恕」闡釋孔子之意，但卻認爲朱子受程子「謹獨」之說而誤將之區隔爲「持己」、「及物」有違《經》文；另一方面，在黃氏看來，「敬」乃指出門、使民之準則，「恕」指不欲、勿施，亦即不論是「敬」或「恕」均是人己相交接的具體活動，並無專謂存養工夫；即使黃式三對於程子所言內在存養之說並沒有嚴厲的駁斥，但言朱子僅是「補聖言所

---

34 黃式三著，張涅、韓嵐點校：《論語後案》，〈顏淵〉，頁 330-331。

35 黃式三著，張涅、韓嵐點校：《論語後案》，〈顏淵〉「顏淵問仁」條，頁 328。

36 朱子〈答徐元敏〉：「主敬者存心之要，而致知者進學之功，二者交相發，則知日益明，守日益固。」〈答鄭子上十五〉：「敬字工夫，乃聖門第一義，徹頭徹尾，不可傾刻間斷。」〈答陳師德〉：「嘗文知程夫子曰『涵養須是敬，進學則在致知』，此二言者，實學者立身進步之要，而二者之功蓋未嘗不交相發也。」參見朱熹撰，陳俊民校訂：《朱子文集》（臺北：德富文教基金會，2000 年），卷 38，頁 1607；卷 56，頁 2726、頁 2702。

未備」，則實已模糊了程朱理學中修養工夫的意涵，同時再次凸顯乾嘉義理講求實事踐行的精神。

（二）氣質之善即性之善

> 子貢曰：「夫子之文章，可得而聞也。夫子之言性與天道，不可得而聞也。」

> 【集解】章，明也。文采形質箸見，可以耳目循也。性者，人之所受以生者也。天道者，元亨日新之道也。深微，故不可得而聞也。

> 【集注】文章，德之見於外者，威儀文辭皆是也。性者，人所受之天理。天道者，天理自然之本體，其實一理也。言夫子之文章日見乎外，固學者所共聞。至於性與天道，則夫子罕言之，而學者有不得聞者。蓋聖門教不躐等，子貢至是始得聞之，而歎其美也。[37]

　　關於性與天道的注釋，《集解》以人所受而生言「性」，言天能生養萬物、相續不已為「天道」；《集注》則將「天理」帶入語文的詮釋，言「天道」即先天於萬物的終極本體，亦即「天理」，而人性即秉受天理而成。至於所謂「不可得而聞」，何晏僅以「深微」說明；而朱子卻認為這是彰顯孔門求道次第，不以授人「天道」為先，「天道」應是最終成

---

37 黃式三著，張涅、韓嵐點校：《論語後案》，〈公冶長〉，頁120。

德的體悟[38]，是問學窮理所要貫徹的目標。由此看來，這仍是朱子在其理學體系預設下的詮釋。黃式三對於《集解》、《集注》均提出批評：

> 【後案】性與天道，猶言性合天道。《史記·天官書》：「孔子論《六經》，天道、命，不傳；傳其人，不待告；告非其人，雖言不著。」張氏《正義》云：「其大恉微妙，自在天性，不須深告語也。」……唐太宗〈旌賞孫伏伽詔〉曰：「朕惟寡德，不能性與天道。」長孫無忌對太宗之問曰：「陛下性與天道，非臣愚所及。」引《經》語意正同，是師說相傳如此，何《解》作儱侗語。……自宋以後，言性與天道者分理、氣。申此論者，大抵超陰陽以上而求天之理，離心知之實而求性之理，亦不能不推之空眇以伸其說。……性者，人秉陰陽之秀氣以生其心之靜而正者是也。天道者，天之氣化流行，總之曰陰陽，分之曰五行，是性之本也。《易傳》曰：「一陰一陽之謂道，繼之者善也，成之者性也。」天道即陰陽也，陰陽相承接而氣和，故曰「繼之者善」。具此和氣者人之性，此言性必本於陰陽也。……夫子言性而推原於天道，亦既言之矣，言之即人聞之矣；而非夫子不能言，非謹承夫子之訓反復繹思而自謂得聞此道者必不免入於歧。端

---

38 相關論述，如〈子張〉「子夏之門人」條後朱子注曰：「言君子之道，非以其末爲先而傳之，非以其本爲後而倦教，……若不量其淺深，不問其生熟，而概以高且遠者強而語之，則是誣之而已，君子之道豈可如此？……學者當循序漸進，不可厭末而求本。」參見黃式三著，張涅、韓嵐點校：《論語後案》，頁 527。

木氏憂人之誤所聞，欲廣聖訓以覺人也。[39]

　　黃式三承續戴震以氣爲本的思想體系來闡釋天道及性：天道即天之氣化流行，氣化構生萬物，同時關聯著萬物在形成之後的發展過程；再者，又將陰陽、五行納入氣化流行的概念中，言氣化流行（或天道）即陰陽、五行，也就是說，在陰陽、五行之外沒有更爲本始的前提，氣與陰陽、五行同具有本體的意涵。人與萬物同時秉於陰陽而生，但人的特出在於得「陰陽之秀氣」，故而形之於人心則有此「靜而正」之善性，依此，論性必本於天道，即陰陽之氣而論。黃氏以此義理型態闡釋「性與天道」爲「性合天道」，認爲子貢之言在於說明孔子「言性而推原於天道」，並非如何晏所釋爲「深微」，亦非宋儒「言性與天道者分理、氣」，致使「超陰陽」、「離心知」以論天道、人性，淪爲虛渺之說。黃式三的這段案語，顯然與他自己所倡議的兼采漢、宋不符，事實上，他已否定了漢、宋儒的詮解，完全以乾嘉義理爲詮釋基礎。再看：

　　孔子曰：「君子有三戒：少年之時血氣未定，戒之在色；及其壯也，血氣方剛，戒之在鬥；及其老也，血氣既衰，戒之在得。」

　　【集解】孔曰：「得，貪得。」

---

39 黃式三著，張涅、韓嵐點校：《論語後案》，〈公冶長〉，頁 120-121。

【集注】血氣，形之所待以生者，血陰而氣陽也。得，
貪得也。隨時知戒，以理勝之，則不爲血氣所使也。

【後案】〈樂記〉云：「民有血氣心知之性。」性之
善，心知之靜而正也。血氣之粗駁者，君子不敢藉口
於性而必戒之也。血氣中有者欲，好色好鬪好得，因
之以生，然污者能言潔，爭者能言讓，貪者能言廉，
凡人猶明於此，君子亦以學問擴充其心而已。……〈洪
範〉云「貌恭，言從，視明，聽聰」，血氣之驅之正
也。曰思睿，則心之靜而正也。於人心未爲習俗所累
之時，而觀肅乂哲謀聖之本，然可見有物有則，而與
物迥異矣。或曰信如是，人之血氣有偏有正，其性兼
善惡之謂乎？曰：孟子道性善，而云味色聲臭安佚，
性也。《荀子・性惡》篇云：「人之性，生而有好利
焉，生而有疾惡焉，生而有耳目之欲，有好聲色焉。」
又云：「塗之人皆有可以知仁義法正之質，皆有可以
能仁義法正之具。」董子《繁露・深察名號》篇云：
「仁、貪之氣，兩在於身。」揚子〈修身〉篇云：「人
之性也善惡混。」……宋程、朱二子遵孟子而言性善，
又云惡亦不可不謂之性，又云孟子論理不論氣，論性
不備。然則合一身血氣之粗駁者以言性，諸書之言固
可擇取互證以通其說也。[40]

　　按黃式三以氣爲本的思想進路，欲論證人性之善，必然

---

40 黃式三著，張涅、韓嵐點校：《論語後案》，〈季氏〉，頁 469。

是建立在氣化的人性論內涵 —— 血氣心知而論。有別於程朱思想所建構一先天獨立的天理以論性善，黃氏認爲血氣中不僅存有好色好鬥好得等嗜欲，同時亦內蘊有包括能潔、能讓、能廉等思睿之明，此即「心知之靜而正」，亦即善之質；故而實踐的工夫在於「學問擴充」，而非如朱子在「存天理，去人欲」原則下所言「以理勝之」、「不爲血氣所使」的主張。另一方面，黃式三在「人之血氣有偏有正」的前提下，言性兼善惡，並指出自孟、荀至漢儒論性均及善、惡，再至宋代「遵孟子而言性善」的程、朱亦曾言「惡亦不可不謂之性」，揭示漢、宋儒者皆有「合一身血氣之粗駁者以言性」的共通性。[41]惟其差異則在於宋儒「言性與天道者分理氣」，遂發展出不同的善惡論斷。黃式三這種著眼於漢、宋儒論性「可擇取互證以通其說」的會通見解，實則是以乾嘉氣化的人性觀爲基礎來統合漢、宋的人性論，但卻忽略了程、朱言氣稟是用以說明人的惡的品質之來源；而程、朱述及氣稟及天命在人性中的作用，目的乃在於完備的解釋人的善惡品質的產生和差別[42]。依此來看，程、朱論氣稟的內涵及意圖，實與黃式三大相逕庭，則所謂漢宋兼采或調和之說，恐怕不是義理思想的融合或轉化，只是流於語句的牽合罷了。在疏解「性相近」的論述中，黃氏力主乾嘉義理型態以駁斥程、朱分理氣論性，昭然可見：

　　子曰：「性相近，習相遠也。」

---

41 相近說法，亦見於黃式三〈申戴氏性說〉，《儆居集》，經說三，頁 11 下。
42 參見陳來：《朱子哲學研究》（上海：華東師範大學出版社，2000 年），頁 200。

【集解】子曰：「君子慎所習。」

【集注】此所謂性，兼氣質而言者也。氣質之性固有美惡之不同矣，然以其初而言，則皆不甚相遠也。但習於善則善，習於惡則惡，於是始相遠耳。程子曰：「此言氣質之性，非言性之本也。若言其本，則性即是理。理無不善，孟子之言性善是也，何相近之有哉？」

【後案】天之生人，賦以五行之秀氣而有其性。性者，心知之靜而正者也。……口味、目色、耳聲、鼻臭，四肢安逸，孟子以此為血氣之粗駁，而君子不謂之性。又云：「耳目之官不思而蔽於物，心之官則思，思則得之。貌恭、言從、視明、聽聰，皆先賴心默運之。」此論性之善，必尃指心之靜而正也。……夫子言「相近」，孟子言「性善」，何也？曰：相近者，謂善之相近也。堯舜至於塗人，性不能一，而塗人可以為堯舜，以性之近於堯舜也。……好善惡惡，智愚所同，智者多明少昧，愚者昧多明少，致曲皆能有誠，是中人之性不能如上智者無待於擴充，亦非如下愚之不能擴充，故「善相近」也。

又曰：論性善而必舉心之靜而正，氣質之善者即性之善也。……朱子申程子，分理氣以言性，云人生而靜以上，人物未生時，祇可謂之理，未可名為性。方說性時，即是人生以後，此理已墮在形氣中，不是性之

本體。戴氏（按：戴震）謂如其說，人生以後，性在氣質中，已不是善，孟子乃溯斯人未生未有氣質之前而曰性善，是離人而空言理也。程易疇曰：「以賦稟之前言性，釋氏之言性也……」李安溪《論語劄記》曰：「孔孟所言皆人性耳。禽獸之性不可言與人相近，相近者必其善者也，未可言孔孟之指殊也。」……朱子門人劉季文曰：「既言性有氣質，安可合人物而言自亂其本原？」……東發先生素宗朱子，亦謂言性者自分理氣，而後學乃陰陋夫子之言。……羅整庵曰：「別白言之，孰為天命之性，孰為氣質之性，一性而兩名，雖曰二之則不是，而一之又未能也。學者之惑，終莫之解。」……合觀諸說，知理氣之分非聖賢之遺訓矣。[43]

　　黃式三這兩大段的案語，全是就《集注》的詮釋而來。程朱論性本諸天理，天理至善，則人稟受天理為本性，皆必當具有先天的純然至善，那麼，孔子言「性相近」與孟子的性善說便有出入，對此，程子依「理無不善」的原則而詰問「何相近之有哉」；朱子則委詮孔子所論之性乃「兼氣質而言」，如此方能無悖於性即理之論。黃式三既本諸氣質論性，則所謂性善，如前文所言，是由血氣心知中見，心知具有「好善惡惡」的悅理義之質即善，這是堯舜與塗人所相近者，故而將孔子所言「相近」釋為「善之相近」、「善相近」，則孔子與孟子所言是一致的。黃式三反覆申辨性善必從氣質之

---

43 黃式三著，張涅、韓嵐點校：《論語後案》，〈陽貨〉，頁477-479。

性中證成，言「氣質之善者即性之善也」，不僅在詮釋孔子
性相近一語上與朱子迥異，同時更藉此再次抨擊程朱分理、
氣言性有違聖賢遺訓，除了徵引戴震之說批判朱子論點之
失，且又引錄自朱子門人至明、清諸多儒者之言以明戴震之
說不誣，直指朱子分天命之性、氣質之性造成後世學者疑惑
「終莫之解」。足見在人性論的主張上，黃式三擇取的是以
戴震爲主的氣本思想做爲詮釋主軸，甚無妥協、融合程朱性
論之實。

（三）禮本人心之當然而節制之

> 有子曰：「禮之用，和爲貴。先王之道，斯爲美；小
> 大由之。有所不行。知和而和，不以禮節之，亦不可
> 行也。」

> 【集注】禮者，天理之節文，人事之儀則也。和者，
> 從容不迫之意。蓋禮之爲體雖嚴，然皆出於自然之
> 理，故其爲用必從容而不迫乃爲可貴。……范氏曰：
> 「凡禮之體主於敬，而其用則以和爲貴。敬者，禮之
> 所以立也。和者，樂之所由生也。若有子，可謂達禮
> 樂之本矣。」愚謂嚴而泰，和而節，此理之自然，禮
> 之全體也。

> 【後案】〈樂記〉始言「天理」，鄭君《注》：「理，
> 猶性也。」凡訓詁，義隔而通之曰「猶」，鄭君《注》
> 云「猶性」，謂人性合天然之條理也。……若體用之
> 分，在釋家見惠能《金剛經注》，在仙家見魏伯陽《參

同契》，前人辨之甚詳，《易・繫辭傳》韓《注》亦
拾仙、釋之牙慧耳。聖經賢傳無體用對舉之正文，非
儒者討論之要，此經言用必補言體乎？體用以相貫
言，此體嚴用和，胡以相反言乎？……有子特揭禮中
之和以示之，見節文自然，人各甘心行之，所以能範
圍小大之事不待矯拂，而外禮者之和失其和矣。《荀
子》謂「先王制禮以養人之欲，給人之求」，熟知夫
恭敬辭讓之所以養安也！熟知夫禮義文理之所以養
情也！[44]

　　禮、理關係的考辨，向為許多清代學者闡述思想體系所
涉及的論題之一。有別於戴震、焦循、凌廷堪等乾嘉諸儒針
對朱子以其思想架構區別禮、理分屬不同層次，視「禮」為
先驗內在於心中的「天理」落實於經驗世界中個別的所以然
之「分理」的觀點提出嚴峻攻訐，黃式三則是試圖將朱子的
詮釋濡沫參同於乾嘉義理之中，其藉由漢儒鄭玄箋注之說，
將朱子所言「禮者，天理之節文」的「天理」轉而解讀為「人
性合天然之條理」，如此一來，「天理」所具有的超越、獨
立於實體實物之上的本體意涵被泯除，取而代之的是就通
同、契合人性中人欲人情的處事原則而論；而「禮」則是這
些處事原則的具體呈現。換言之，緣於人欲人情不爽失的理
義，具體呈顯於事物，即先王所制訂為禮。黃式三這樣的詮
說，無疑是曲解了朱子學說，盡歸諸於戴學一脈的思想；故
而引《荀子》言制禮乃在於「養人之欲，給人之求」，並隨

---

44 黃式三著，張涅、韓嵐點校：《論語後案》，〈學而〉，頁 16-17。

時闡發「禮亦本人心之當然而節制之」、「禮原於人情之所安」等主張。[45]此外，黃式三既言「禮」是本於人性人情所制定，自毋須論其體用之別，且體用之分源於釋氏，非儒家說經之傳統[46]，因此認爲朱子的「體嚴用和」之說實已逸出「儒者討論之要」。

　　黃式三秉持戴學思想體系以論理、禮關係，不僅如上所言，恐已誤詮朱子《集注》，另一方面，亦出現明顯與朱子不同論調者，如：

> 林放問禮之本。子曰：「大哉問！禮，與其奢也，寧儉。喪，與其易也，寧戚。」
>
> 【集解】包曰：「易，和易也。言禮之本意失於奢，不如儉。喪失於和易，不如哀戚。」
>
> 【集注】易，治也。孟子曰：「易其田疇。」在喪禮，則節文習熟，而無哀痛慘怛之實者也。戚則一於哀而文不足耳。禮貴得中，奢、易則過於文，儉、戚則不及而質，二者皆未合禮。然凡物之理，必先有質而後有文，則質乃禮之本也。

---

45 參見黃式三著，張涅、韓嵐點校：《論語後案》，〈爲政〉「子曰道之以政」條之案語，頁 24-25。又曰：「禮者，制度之顯著於行事，秩然不可變亂，使人俯就仰企者也。民之貪邪侈僭由於不知足，而禮之等貴賤、辨長幼者俾愓於分之不敢踰。民之畔離悖逆由於不相愛，而禮之重喪紀、聯族黨者俾感於情之所難已。感於情而仁慈之德廣，愓於分而敬讓之德昭，禮之輔德而行者如此。」

46 黃式三〈釋氏體用辨〉：「體用之分，實始釋氏。經外浮言異於經中要旨，非儒者所宜道。」參見氏著：《儆居集》，經說五，頁 22 上。

【後案】本，禮中之本也。〈禮器〉曰：「忠信，禮
之本也。義理，禮之文也。無本不立，無文不行。」
是禮中有本也。《注》以「本」為本體，《語錄》以
「本」指禮之初，已自異矣。近或以禮媲指儀文言，
遂於禮外求本，尤謬！……朱子訓「易」為「節文習
熟」，必增說無實之義，皆未必是也。式三謂：易，
坦易也，包說為是。異端家齊死生，而治喪皆簡率，
後人喪中祭奠如吉禮，又用僧道羸鈸以喧雜之，皆由
於坦易也。取儉、取戚者，儉則有不敢越分之心，戚
則有不忍背死之心，是禮中之本也。[47]

子夏問曰：「『巧笑倩兮，美目盼兮，素以為絢兮』，
何謂也？」子曰：「繪事後素。」曰：「禮後乎？」
子曰：「起予者商也！始可與言《詩》已矣。」

【集解】鄭曰：「繪，畫文也。凡繪畫先布眾色，然
後以素分布其間，以成其文，喻美女雖有盼倩美質，
亦須禮以成之也。」

【集注】繪事，繪畫之事也。後素，後於素也。〈攷
工記〉曰：「繪畫之事後素功。」謂先以粉地為質，
而後施五采，猶人有美質然後可加文飾。禮必以忠信
為質，猶繪事必以粉素為先。……楊氏曰：「甘受和，

47 黃式三著，張涅、韓嵐點校：《論語後案》，〈八佾〉，頁49-51。

白受采，忠信之人可以學禮。苟無其質，禮不虛行。」
此「繪事後素」之說也。

【後案】〈攷工記〉「畫繪之事襍五色」下云：「凡
畫繪之事後素功。」是先布眾色，後加素工也，鄭君
此注本之。……惠半農曰：「五色之黑黃蒼赤，必以
素為之介，猶五德之仁、義、智、信，必以禮為閒。」
又曰：「〈鄉射記〉『凡畫者丹質』，則丹質加采矣。
〈司常〉九旗畫日月龍蛇之象，亦以絳帛為質
也。」……依諸說考之，素，白采也，非質也。……
禮者，先王所立之制度、品節、忠信、儀文，本末兼
具者也。「後」者，事不可已而繼之之詞，非置為緩
圖也。〈曲禮〉云「道德仁義，非禮不成」，正此意
也。……〈八佾〉篇詳言禮，此言禮為後，猶言禮之
不可以已也。禮兼忠信節文而言，倩盼美貌當有禮以
成之，亦重禮也。後，猶終也，成也。近解嫥以儀文
為禮，遂滋本末輕重之說。申其說者遂云未有禮，先
有理也。信如是，則忠信，理也，本也；禮，文也，
末也：與〈禮器〉之言不大相背謬乎？[48]

　　朱子是在其「天理」觀下進行禮學的詮釋，先天內存於
人心的「天理」爲一切的根本，因此言「質乃禮之本」，以
文、質相符爲禮之貴者，將孔子所言「繪事後素」之「後素」
解爲「後於素」，表示繪畫先布以白采爲基底，再施以五采，

---

48 黃式三著，張涅、韓嵐點校：《論語後案》，〈八佾〉，頁 55-57。

喻人有忠信之美質，而後以儀文飾之，則禮似乎徒具節文度數之飾的作用罷了。至於黃式三的詮解，所謂理義即是人情無所偏失且藉由禮以具體實現；那麼，言禮之本必然是指禮中所存契合人心處事的忠信、是非等原則。按黃氏的觀點，朱子注解「喪，與其易也寧戚」之「易」爲治喪「節文習熟」，屬增說冗義，事實上，孔子所擇取的儉、戚即是原於人情所安，亦即禮中之本。是以，黃式三主張禮兼具抽象存於人欲人情的忠信美質及落實於外的儀文，屢次痛斥視禮僅爲儀文，欲於禮外求本之謬，無疑是在指出朱子訓釋之失。再者，關於「繪事後素」的解釋，黃式三採《集解》之說，認爲是指繪畫時先布諸采之後，再施白采於其間以彰顯眾采，其中「後」非位居於後之意，而是指延續至終而成的意思，喻兼具忠信與儀文的禮能呈顯人之美質於經驗世界中，絕非置於次要，做爲文飾之用。黃式三對於「禮之本」、「繪事後素」的解釋，大體上仍是承襲了乾嘉以來禮、理之辨的思想[49]，即使高舉著兼采漢、宋之說，但實際上採取的方法是將朱注牽合於戴學思想；或於疏理過程中引述異於朱子《集注》的典籍、其他注家之說，其中不免隱含了對朱子詮釋的駁斥之意。[50]

---

49 關於乾嘉學者對「繪事後素」的詮釋，參見戴震：〈仁義禮智〉，《戴震集・孟子字義疏證》，卷下，頁 318-319；凌廷堪：〈論語禮後說〉，《校禮堂文集》，卷 16，頁 146-147。相關討論，參見張壽安：《以禮代理 —— 凌廷堪與清代中葉儒學思想之轉變》，頁 40-41。

50 程樹德：《論語集釋》「子夏問曰巧笑倩兮」條引黃式三《論語後案》後評言：「黃氏此論隱斥程、朱以理言禮之非，而言辭閃灼」。參見氏著，程俊英、蔣見元點校：《論語集釋》（北京：中華書局，2008 年），卷五，頁 160。

（四）以禮成仁

子曰：「志於道，據於德，依於仁，游於藝。」

【集解】志，慕也。道不可體，故志之而已。據，杖也；德有成形，故可據。依，倚也；仁者施功於人，故可倚。藝，六藝也；不足依據，故曰游。

【集注】仁，則私欲盡去而心德之全也。功夫至此而無終食之違，則存養之熟無適而非天理之流行矣。……游者，玩物適情之謂。藝，則禮樂之文，射、御、書、數之法，……朝夕游焉以博其義理之趣，則應務有餘，而心亦無所放矣。……蓋學莫先立於志，志道，則心存正而不他；據德，則道得於心而不失；依仁，則德性常用而物欲不行；游藝，則小物不遺而動息有養。學者於此，有以不失其先後之序、輕重之倫焉。[51]

　　關於志道、據德、依仁、游藝的意涵，《集解》將之理解爲由抽象的立志、尙德，至落實踐行的修養過程，隱含了由本而末、由重至輕的步驟；《集注》則認爲孔子所言的是爲學、存養的工夫，由志道至游藝，同樣呈現了一先後次序。對於禮、樂、射、御、書、數六藝，不論是《集解》所言「不足依據」或是《集注》的「玩物適情」，都顯示出置六藝於

---

51 黃式三著，張涅、韓嵐點校：《論語後案》，〈述而〉，頁 170-172。

步驟之末的傾向。黃式三則基於義理存於具體事物的前提
上，對此提出了不同的解釋：

【後案】游者，博學無方，遍閱歷以知之也。……然
志道、據德、依仁、游藝，並非截然判先後四事，正
如行者目視足履，動輒相應。……由形跡而求理義，
六藝皆道德之用也。……今六藝之學微，其中易於復
古而濟於時務者，則有如射、御與數；其復古甚難者，
則有如樂；而猶可考正是非、釐定得失者，五禮與六
書耳。禮之大綱為五，尊卑際會之節，親疏隆衰之分，
先王本諸性情制為度數，既使之犁然各當於人心，而
無過不及之差。……學者高言志道、據德、依仁，而
不亟亟於禮，其能不違道賊德而大遠乎仁也邪？六書
之法，……學者不留心於此，臧氏玉林所謂「不識字
何以讀書，不通詁訓何以明經」也。古之識字者曰「反
正為乏，皿蟲為蠱，止戈為武」，理義莫精於是。後
人以冥悟為仁，以虛無為道，以清淨為德，離訓詁文
字而言理義，弊遂至於此。君子博學無方，六藝之學
皆宜徧歷以知之，故曰游於藝。[52]

　　黃式三認為志道、據德、依仁、游藝四者應是相輔並行，
正如同人行走時「目視足履」，不宜判分先後之序；「游於
藝」是指在廣博泛歷六藝之學中以獲取事物不易之則，即其
所謂「由形跡而求理義」之意。當然，在六藝之中，禮是最

---

52 黃式三著，張涅、韓嵐點校：《論語後案》，〈述而〉，頁172。

重要的，黃式三即曾指出朱子有以仁兼賅仁、義、禮、智四德之說，在注解《論語》時重言仁、輕言禮，忽視由禮以明義理、禮與理相應，致使詮說出現不盡通達之處[53]。故而黃氏在此段案語裡刻意點出禮學的首要地位，重申禮儀度數乃先王據人心所制，包括尊卑親疏的際會節文、隆衰之別，皆爲義理所在[54]；另一方面，更特別的是黃氏將六書與五禮同列，認爲文字訓詁之學與禮學皆具可「考正是非、釐定得失」之能，批判空言冥悟、清淨以體悟義理，這種由文字訓詁入手探尋典籍義理，是清儒治學最突出的特點，與多數乾嘉學者論學工夫的訴求是一致的。

黃式三透過注解《論語》，反覆表達了以禮求理的主張：

> 顏淵問仁。子曰：「克己復禮爲仁。一日克己復禮，天下歸仁焉。爲仁由己，而由人乎哉？」顏淵曰：「請問其目。」子曰：「非禮勿視，非禮勿聽，非禮勿言，非禮勿動。」顏淵曰：「回雖不敏，請事斯語矣。」

53 《論語・衛靈公》：「子曰：知及之，仁不能守；雖得之，必失之。知及之，仁能守之，不莊以涖之，則民不敬。知及之，仁能守之，莊以涖之，動之不以禮，未善也。」朱子《集注》：「涖之不莊，動之不以禮，乃其氣稟學問之小疵，然亦非盡善之道也。故夫子歷言之，使知德愈全則責愈備，不可以爲小節而忽之也。」按朱子之意，以爲「動之不以禮」爲小疵、小節。黃式三評曰：「朱子《注》重言仁，輕言禮，故《注》有『小疵』、『小節』之說。式三謂：『仁』以慈愛言，『知』及『莊涖』與『動以禮』皆相輔而行。朱子有『仁包四德』之說，於此章不能通也。」黃式三著，張涅、韓嵐點校：《論語後案》，頁453-454。

54 相近之文，如〈述而〉「子曰我非生而知之」條，黃式三曰：「敏以求之，求義理也。禮樂名物，古今事變，皆義理所在也。聖人生知善悟，而古今制度之殊、事變之極必學之以驗其實，然後此心全體洞然無不通矣，而何嘗自以爲生知哉！」黃式三著，張涅、韓嵐點校：《論語後案》，頁184。

【集解】馬曰：「克己，約身也。」孔曰：「復，反也。身能反禮，則為仁矣。」

【集注】仁者，本心之全德。克，勝也。己，謂身之私欲也。復，反也。禮者，天理之節文也。為仁者，所以全其心之德也。蓋心之全德，莫非天理，而亦不能不壞於人欲。故為仁者必有以勝私欲而復於禮，則事皆天理，而本心之德復全於我矣。……顏淵聞夫子之言，則於天理人欲之際已判然矣，故不復有所疑問而直請其條目也。……是人心之所以為主，而勝私復禮之機也。……程子曰：「……由乎中而應乎外，制於外所以養其中也。……」此章問答，乃傳授心法切要之言。[55]

　　朱子本於「天理」、「人欲」相對立[56]的前提下，注「克己」為勝「身之私欲」，所謂「克己復禮」意即克盡一切私欲，使能回復先天所本有具足的道德價值以合於外在儀文規範，這是由個己內在克省工夫後以此做為視聽言動發用於外之判斷準則，因此朱子視為「傳授心法切要之言」；換言之，是先有存諸心的「理」而後復歸於外在行事儀節的「禮」。朱子的詮釋遭致不少乾嘉學者的批評，從戴震反對釋「己」

---

55 黃式三著，張涅、韓嵐點校：《論語後案》，〈顏淵〉，頁 327-329。
56 朱子《論語集注》中表達天理、人欲相對之主張，除前述引文外，又如〈憲問〉：「子曰：君子上達，小人下達。」朱子注曰：「君子徇天理，故日進乎高明。小仁徇人欲，故日究乎污下。」黃式三著，張涅、韓嵐點校：《論語後案》，頁 410。

爲「私欲」，阮元、凌廷堪認同馬融（79-166）之注而解「克己」爲修身，至焦循則申述「克己」爲以己度人的絜矩之道[57]，除了肯定人欲存在的合理性，同時彰顯的是人、我相涉的關係；黃氏三則在此基礎上，指出了禮的重要性，言「以禮成仁」：

> 【後案】此言禮以成仁之道。……馬《注》訓「克己」爲約身，謂約非禮之身以反於禮。式三謂：「克己」猶言深自克責也。……「克己復禮」，克責己之失禮以復之也。……「克己復禮爲仁」者，一己失禮有欺忍天下之心，而歉愛利天下之量，能於人己相接之交專責己之失禮以反於禮，是爲仁也。……《注》言本心全德，申之者語多虛障；且以仁賅四德，《經》中禮仁相成之旨反有未明。……「由人乎哉」，言禮未復之，己與人隔；禮既復之，己與人通也。……去非禮者復於禮，非不視聽，不言動，空求仁也，乃以禮成仁也。[58]

在黃式三的詮解下，禮的具體踐履即是理義之道的呈現。本諸人心而制之禮，是「人己相接之交」的行事準則，失禮將使人「有欺忍天下之心」、「歉愛利天下之量」，因

---

57 參見戴震：〈權〉，《戴震集・孟子字義疏證》，卷下，頁 326；阮元：〈論語論仁論〉，《揅經室集・一集》，卷 8，頁 180-184；凌廷堪：〈與阮中丞論克己書〉，《校禮堂文集》，卷 25，頁 234-235；焦循：〈出門如見大賓〉條，《論語補疏》，收於《皇清經解》（臺北：復興書局，1961 年），第 32 冊，卷 1165，總頁 12376。

58 黃式三著，張涅、韓嵐點校：《論語後案》，〈顏淵〉，頁 327-330。

此，克責己身之失禮，使視聽言動盡合於禮，達到一己與天下共通而無所窒礙，此即復禮，亦即仁的呈顯。在此理路下，禮的優先性躍升，講求的是個己與群體關係，抽象的義理必須由行事實踐中證成，這與朱子重視內在善端的自覺擴充、省悟等工夫，有著鮮明的差異。對此，黃式三僅言朱子的詮釋將使「禮仁相成之旨」不明，事實上，已突顯二者理路的分歧。

（五）己與人合為一貫，一貫不外乎忠恕

> 子曰：「參乎！吾道一以貫之。」曾子曰：「唯。」子出，門人問曰：「何謂也？」曾子曰：「夫子之道，忠恕而已矣。」

> 【集注】盡己之謂忠，推己之謂恕……夫子之一理渾然而泛應曲當，譬則天地之至誠無息，而萬物各得其所也。自此以外，固無餘法，而亦無待於推矣。曾子有見於此而難言之，故借學者盡己、推己之目以著明之，欲人之易曉也。蓋至誠無息者，道之體也，萬殊之所以一本也；萬物各得其所者，道之用也，一本之所以萬殊也。以此觀之，「一以貫之」之實可見矣。……（程子）曰：「忠恕一以貫之：忠者天道，恕者人道；忠者無妄，恕者所以行乎忠也；忠者體，恕者用，大本達道也。……」[59]

---

59 黃式三著，張涅、韓嵐點校：《論語後案》，〈里仁〉，頁93-94。

　　朱子對本章的注解，主要聚焦於「一貫」的闡釋。朱子本於其「一本萬殊」的架構進行理解，認爲聖人本於「至誠無息」之渾然道體以泛應萬物而能使萬物曲當適所，此即「一以貫之」之境地；至於曾子所回應的「忠恕」，按朱子之意，只是曾子鑒於此一抽象的本體論述「難言之」，故而藉由渾然一理落實於具體人事中所展現的分殊之理作爲曉喻之用。依此看來，朱《注》將「一貫」與「忠恕」視爲「一本」、「萬殊」的關係，且點出了「一貫」實具有優先性的位階。然而黃式三言：

> 【後案】「一」者，總詞。道散見於天下，而人己內外之交有可總以貫之者，故曰「一以貫之」，下文所言「忠恕」是也。先儒求於忠恕之外而自謂有一道者，或以天言，或以心言，或以心言，或以性言，或以理言，或以仁言，或以靜言，或以中言，或以敬言，或以格致言。戴東原曰「一以貫之，非以一貫之」，諸說失之矣。……誠身為忠，本誠接人為恕，己與人合為一貫，一貫不外乎忠恕。……《注》所引程子說，重言忠恕是也。……朱子云「借學者盡己推己之目」，是疑忠恕不足以盡聖人。……後儒喜言「一貫」，不言「忠恕」；甚或分顏子、曾子之學為二，以曾子由忠恕入不如顏子之高，不知顏子之不遠復，曾子之慎獨，顏子之若無若虛，曾子之戰戰兢兢，顏子之博約，曾子之守約，顏子之不違仁，曾子之仁為己任，皆盡

乎忠恕之道而已。[60]

　　這裡的「一」，不再如朱子所言具有天理賦予聖人內在的本體義，而是指數量之「總詞」，而所謂的「一以貫之」，是指能做為一切人己所有會通、相涉的共同原則者，此原則即是後面曾子所應答的「忠恕」，是以，黃式三是將「一貫」置於修養工夫的疇域中，而「忠恕」儼然才是更為明確、具體者。個己透過忠恕實踐的工夫以達到通同於他人、群體一切事物而無礙，即是「一貫」，此即黃氏所言「一貫不外乎忠恕」之意。黃式三按此「一貫不外乎忠恕」的理路，對於朱子的相關闡述不免提出異議：一方面指出朱《注》所引程子之說，即表達了對「忠恕」的重視，藉此彌補了朱子注解中弱化「忠恕」的重要性之失；另一方面批評朱子之說有「疑忠恕不足以盡聖人」之疵，並指出《論語》中所載有關顏淵「不遠復」、「博約」、「不違仁」，亦或曾子「慎獨」、「戰戰兢兢」、「仁為己任」等言行，皆為忠恕之道的體現，以證「忠恕」即聖人一貫之道。這樣的作法，無形中是糾舉了朱子的詮釋。

　　另一則《論語》所載「一以貫之」：

　　子曰：「賜也，女以予為多學而識之者與？」對曰：「然，非與？」曰：「非也，予一以貫之。」

　　【集解】善有元，事有會，天下殊塗而同歸，百慮而

60　黃式三著，張涅、韓嵐點校：《論語後案》，〈里仁〉，頁94-95。

一致。知其元，則眾善舉矣。故不待多學以一知之。

【集注】子貢之學，多而能識矣。夫子欲其知所本也，故問以發之。說見第四篇，然彼以行言，而此以知言也。謝氏曰：「……然聖人豈務博者哉，如天之於眾形，匪物物刻而雕之也。故曰予一以貫之，德輶如毛，毛猶有倫；上天之載，無聲無臭，至矣。」

【後案】貫之，貫所學之多也。一者，總詞，謂總以貫所學之多也。聖人雖生知，於制度之殊、事變之極，待學以驗其實，豈必不博而推十合一？……端木氏聞一知二，未能全體洞然，而玩索既久，由流溯源，因目得綱，理之表裏精粗，事之先後經權，將可融貫於心，而眾說之溝澮皆通，膠葛悉化矣。此由博反約之功，夫子知其積學已久而望之也。何氏云「知其元則眾善舉」，是離多學而言貫者。謝顯道說蓋同何，一引《易》，一引《詩》、《中庸》，於此經無當也。[61]

朱子在此對「一以貫之」的解釋與〈里仁〉篇是一致的。所謂的「一」，是指天賦予人完滿、至善內在於心以應萬物者，即〈里仁〉篇中所言「一理渾然」、「至誠無息」，或本章所注言「本」。按朱子的理解，這是孔子提點子貢爲學於多而能識之餘，更應了解所「本」，聖人乃據渾然道體以遍知世事；易言之，不論就〈里仁〉篇的處事而論，或者本

---

61 黃式三著，張涅、韓嵐點校：《論語後案》，〈衛靈公〉，頁 431-432。

章就問學而論，朱子的詮釋都是由本體的角度切入，首重於「本」的掌握，至於上文所言及的「忠恕」或本章所言的「多學而識」，並不是朱子詮解的重點。然而黃式三的理解，「一」仍是數量之「總詞」，所謂的「一以貫之」，在此指的是就所習得廣博學識進行融合、會通的工夫，期能「由流溯源」、「因目得綱」，以獲得洞悉事理精粗、衡度之則，這是孔子有鑑於子貢博學識廣之後，期許其更進一步從事總結、歸納的提升，也就是「由博返約」的工夫。黃氏的理解，實隱含了自戴震以來所主張探求「理」（或「道」）的途徑：「理」是存在於經驗世界中，必須藉由客觀的實證、博覽而獲得，即落實於典籍的訓故、釐析，以及就具體實事實物的理解、匯通等工夫；而非預設有一先天完備之「理」於人心，透過內省、體物來呈現。因此，黃式三認為何晏的注解及朱子所引謝顯道之說均輕忽了「多學」在認知過程中的實質作用，自然無法曲承其說，而是闡發了乾嘉義理的論學觀點；若對照黃氏於〈論語後案自敘〉中表示若有助於經義的顯豁，即使異於漢、宋儒者之說，亦須「擇是而存」，則黃式三所認肯、擇取者為何，是顯而易見的。

（六）顯言利與命

子罕言利與命與仁。

【集解】罕者，希也。利者，義之和也。命者，天之命也。仁者，行之盛也。寡能及之，故希言也。

【集注】罕，少也。程子曰：「計利則害義，命之理

微，仁之道大，皆夫子所罕言也。」[62]

　　《集解》與《集注》訓「罕」為希、少，與歷來多數學者相同；至於「與」字，二者亦同視之為連接詞，故無論何晏或朱子，對本章之釋讀均為孔子少言「利」和「命」和「仁」。[63]而二者最主要之歧見，在於對「利」、「命」、「仁」的詮釋不同。《集解》訓「利」為「義之和」，乃據《易・文言》；訓「命」為「天之命」，是指人貴賤、窮達之數命而言。《集注》在說明利、命之意涵的同時，亦就聖人罕言之因進行詮解：嚴判義、利之別，視義、利為相對且不相容之關係，故言利則害義；而廣含深微義理的「命」與「仁」，亦同是聖人所罕言者。黃式三對本章的理解，則有顯著的不同：

> 經、傳中罕訓少者，借字也。「罕言」之「罕」借為「軒豁」之「軒」，古「罕」、「旰」二字通用。……軒有顯豁之義，亦曰軒豁，經、史中凡有軒輊、軒昂、軒渠、軒轟，與軒豁之義一也。……罕、軒、憲、顯同桓部，音且同母，此音義所以相通。則罕言者，表顯言之也。[64]

---

62 黃式三著，張涅、韓嵐點校：《論語後案》，〈子罕〉，頁 220。
63 歷來學者對本章的解釋略有分歧，主要在於對「與」的注解：一者將之視為動詞，義同於〈先進〉篇中「吾與點也」之「與」，故全章釋為：孔子罕言利，而稱許命、仁。另一則視「與」為連接詞，故全章釋為：孔子罕言利、命、仁三者。《集解》、《集注》均主此。參見程樹德撰，程俊英、蔣見元點校：《論語集釋》，第 2 冊，卷 17，〈子罕〉上，頁 565-568。按《論語集釋》中所徵引者包括陳天祥《四書辨疑》、史繩祖《學齋佔畢》、康有為《論語注》、焦循《論語補疏》等釋讀。
64 黃式三著，張涅、韓嵐點校：《論語後案》，〈子罕〉，頁 220。

　　黃式三運用文字、音韻之學，將「罕言」訓爲「顯言」，這是延續了乾嘉訓解經典的方式。按此理路，則全章之旨轉化成：聖人顯言「利」、「命」、「仁」三者。由於在《論語》中孔子「顯言」仁之記載甚多，自然符合其注解理路，是以，黃氏隨即以大量文字闡述「利」、「命」二者之意涵及聖人所以「顯言」之因。首先，對於「利」的解釋：

　　　利必表顯言之者：義中之利，聖人有勸言。《易》有「利見」、「利涉」、「利往」、「利物和義」之訓，利而無害，萬事之所宜也，故勸言之，勸則使人樂為善。義外之利，聖人有箴言。《經》中有「放利多怨」、「小人喻利」之戒，利彼則害此，非《易》所謂「義之和」也，……疑似之宜辨如此。[65]

　　黃式三依《集解》「義之和」之說並進一步推衍，認爲可區分爲符合群體之益而無害的「義中之利」與得於己而害於他人的「義外之利」，前者是聖人所勸勉者，後者則是聖人所規戒者。這樣的詮釋，顯然與朱子的理路是不相同的。在〈里仁〉篇「君子喻於義，小人喻於利」條中，朱子注曰：「義者，天理之所宜。利者，人情之所欲。」[66]這是基於存天理去人欲、言利則傷義的架構下之詮釋，因此朱子諱言事功、干祿的態度是相當鮮明的[67]。而黃式三則言：「義者，

通行咸宜，去人道之害者也。利者，一端所得，而有害於人道也。……故用無不宜之謂義，……夫子於《易》云『利者義之和』，見古之言利者皆和義爲利，俾之有利無害；後人止殉一身、一事、一時之利，此利而害即在彼。」[68]在此，黃氏由義以言利，凡能夠通同個己所欲與群體所欲而行事無礙之規範即是「義」，而總和諸「義」即是「利」，此爲「和義爲利」，亦前段引文中所言「義中之利」。黃式三未能釐清所闡述之義、利觀異於朱子所論，實肇因於本體思想之不同，遂將朱子的注解納入其論說之中；黃式三甚至言：「以冥情爲義，不思義之所由名」者，「非盡朱子之意也」。[69]以爲朱子所言、所斥的「利」即其所指「義外之利」，是「止殉一身、一事、一時之利」且「有害於人道」者。雖然乍看之下似乎不違朱子之旨，然而無形中卻模糊了朱子嚴辨義、利之深義。其次，黃式三對於顯言「命」的解釋：

> 命必表顯言之者：命有不轉移，有宜轉移，有終不可轉移而必盡轉移之心，學者未明，夫疑似之故由於言命之歧也。言命者如王仲任《論衡》所謂「雖云有命，當須索之」，朱子所謂「庸人以智力不能挽，始委於命」。如此言命，必與道乖。夫子進禮退義，曰有命

之也……（程子）曰……『子張學干祿，故告之以此，使定其心，而不爲利祿動。……』」黃式三則認爲「學干祿，謂學仕者之事也。……儒者進身之階，先資其言，拜獻其身，不矯激，不枉道，此不可不學也。」則朱、黃二人對「干祿」態度之別，可見一斑。黃式三著，張涅、韓嵐點校：《論語後案》，頁38-39。
68 黃式三著，張涅、韓嵐點校：《論語後案》，〈里仁〉，頁96。
69 黃式三著，張涅、韓嵐點校：《論語後案》，〈里仁〉，頁97。

貨殖，斥為不受命，則以智力轉移之者非順受之正，
而必準以禮義之可得、不可得者謂之命。禮義之性，
窮通之數，皆命於天。天之命以通者，循其禮義而行；
或使之，必不命之去禮義以求通。天之命以窮者，循
其禮義而止；或尼之，尤不可去禮義以逆天。言數而
準諸禮義，非索之茫茫也。言命者以天人闊遠不能降
福禍，如此言命又與道乖。……人為萬物之靈，能盡
其性者實有轉移造化之驗，言禮義而數可推也。言命
者申天道自然之說，遭事之不可轉移，遂付諸漠不相
關之數，如此言命又與道乖。夫子言盡性至命，而於
伯夷、比干之夭壽不貳屢稱道之，……即命終不可轉
移，而惓惓不已之心必質諸己以盡其道。[70]

　　此文闡發「命」的意涵及聖人必顯言「命」之因。黃式
三認為歷來論者大都以人之富貴、窮通之數為「命」，故而
有「智力不能挽，始委於命」之見，或以為天人疏闊不能降
禍福，或以為「命」不可轉移等分歧的說法，這些都是乖違
聖人之道的謬言。按黃式三理解，所謂的「命」，應準諸禮
義之可得、不可得。循禮義以應窮通之數，盡禮義之性則有
轉移造化之驗。因此，在〈先進〉篇中釋「賜不受命而貨殖
焉」一語為子貢「以智力挽之，而意在取富」[71]，則「以智
力挽之」者為「不受命」，易言之，黃式三反對以「智力」
應對、轉移窮通數命；在〈述而〉「用之則行舍之則藏」條
言：「庸人以智術之不能挽者為命，聖賢以禮義之可得不可

70 黃式三著，張涅、韓嵐點校：《論語後案》，〈子罕〉，頁220-221。
71 黃式三著，張涅、韓嵐點校：《論語後案》，〈先進〉，頁310。

得爲命，而以智力挽之者謂之不受命。」[72]黃式三以禮義之性的得失做爲通達、窮困與否之衡準，這與朱子置數命而不議的態度[73]是完全不同的。在〈堯曰〉「不知命無以爲君子」中，黃式三同樣駁斥了《集解》、《集注》所言之數命，言：「人不安於窮達之數者，必枉其仁義之性。知性之賦於天者，以違道之逆天心，自不行險以僥幸，性命、數命非截然二事也。」[74]由此看來，黃式三以禮義之性命論窮通之數命的主張，實賦予了「命」不同的意涵：準諸於禮義，將可「知命」，是以聖人必顯言「命」。

最後，黃式三總結言：

> 自《史記・外戚世家》引「罕言命」，〈孟子列傳〉引「罕言利」，解「罕」爲「希」，何晏因之。然以利爲希言，於是義利之辨不明。……以命爲希言，於是理數判爲二。……或曰訓「罕」爲「希」，先儒有非之者歟？曰：《集解》不錄孔、包、鄭君諸說，則何氏以前諸說未必盡同何氏。[75]

---

72 黃式三著，張涅、韓嵐點校：《論語後案》，〈述而〉，頁 175-176。

73 朱子注〈述而〉「用之則行舍之則藏」條，引尹焞「用舍無與於己，行藏安於所遇，命不足道也。」意謂世俗之人對於事之不得成、不得已者，委之於命，然而聖人端以天理爲衡準。也就是說，朱子亦以人之窮通造化之數爲「命」，且以爲「不足道也」。黃式三著，張涅、韓嵐點校：《論語後案》，頁 175。

74 〈堯曰〉「不知命無以爲君子」條，《集解》：「孔曰：『命，謂窮達之分也。』」《集注》：「程子曰：『知命者，知有命而信之也。人不知命，則見害必避，見利必趨，何以爲君子？』」黃式三《後案》：「孔說、程《注》皆以數命言也。」黃式三著，張涅、韓嵐點校：《論語後案》，頁 545。

75 黃式三著，張涅、韓嵐點校：《論語後案》，〈子罕〉，頁 221。

黃式三顯然不滿自《史記》至何晏以來訓「罕」爲「希」之傳統，其所持之理由，並非著眼於訓詁之失，而是從義理思想的角度考量，指出釋「罕」爲「希」，將使義利之辨不明、判分性理之命與數命爲二。至於所主的義理思想，由文中言「義中之利」、「和義爲利」之論，不難看出大體是發揮了戴震義理；而釋「命」則獨創以禮義可得不可得爲判準，則是闡揚了禮義實踐的價值。

四、結 語

上文所論黃式三《論語後案》詮釋內容，即使未能盡納《論語》條目，但實已勾勒出其詮釋《論語》的理路及思想內涵。事實上，無論是義理思想所表現「申戴尊朱」的立場，抑或是治經所標舉「漢宋兼采」的態度，黃式三立論的根基皆在於自身特出的學術發展史觀。黃式三認爲，經典訓詁、義理的探究自漢代已展開，宋人乃繼漢儒而起，漢、宋二者是相承的，而乾嘉學術則是接續了宋明學術而發展，並集漢唐、宋明之學大成，成就必然高於宋明學術，這是黃式三對乾嘉學術之定位。是以黃氏在義理上襲自戴震一脈，然而在「申戴」之餘，卻一反乾嘉諸儒以上接孔孟真傳自詡而對程朱學派嚴厲抨擊的態度，轉由視朱子爲學術傳承之一環而「尊朱」；在治經態度上，黃氏主張「漢宋兼采」，同樣由學術相襲的觀點爲出發而肯定宋代經學，實質上是由乾嘉義理思想中重視典籍考據工夫的視野下來肯定朱子的治經成就，換言之，程朱理學並非其「兼采」之內容。此即後世學者所指

出《論語後案》雖並列《集解》、《集注》，然而實仍「左祖漢學」[76]之故。

劉師培（1884-1919）撰〈漢宋學術異同論〉曾籠統的批評包括黃式三在內的調合漢宋學術之爭者不能察覺二者之異同所在，只摭取語句相同之處牽合比附以證漢、宋之同[77]。本文在釐清了黃式三「申戴尊朱」義理主張及「漢宋兼采」治經態度之意涵並檢視其《論語後案》之內容後，對於劉師培之說或可提出部分修正。事實上，黃式三並非僅就漢、宋、乾嘉儒者說經之文進行綰合，而是在學術乃動態發展的觀點上來面對漢、宋學術。其詮釋的理路除了延續了戴震義理之外，嘉道間蔚起的崇禮思潮亦鮮明可見，如言「禮本人心而節制之」、「以禮成仁」等，實豐富了清代論禮由思想至踐行之體系。另一方面，對於詮釋理路與朱子《集注》之歧異，除了部分直言駁斥，同時亦對朱子的注解進行重詮，試圖轉化、甚或消解程朱理學中先驗、超越性；企圖將之納入乾嘉義理體系，以符合所主宋明至清學術乃相承接續發展之論。因此，黃式三撰《論語後案》強調對漢儒、宋人注說「擇是而存」，實則專主的是清代中葉延續戴學義理及崇禮思想，並寄寓了自身對學術發展之史觀。

---

76 參見程樹德撰，程俊英、蔣見元點校：《論語集釋》，〈凡例〉，頁6。
77 劉師培〈漢宋學術異同論〉：「即有調停漢宋者，亦不過牽合漢宋，比附補苴，以證鄭、朱學派之同。（自注：如陳蘭甫、黃式三之流是也，崇鄭學而并崇朱學，惟不能察其異同所在，惟取其語句之相同者爲定，未必盡然也）。」收於氏著：《清儒得失論：劉師培論學雜稿》（北京：中國人民大學出版社，2004年），頁209-225，引文見頁210。

徵引書目

一、專 書

《十三經注疏本》（臺北：藝文印書館，1993 年）。

中央研究院文哲所編：《清代經學國際研討會論文集》（臺北：中央研究院中國文哲研究所，1994 年）。

方東樹：《大意尊聞》收入《四庫全書未收輯刊》第 15 冊第 6 輯（北京：北京出版社，1997 年影印清同治 5 年刻本）。

方東樹：《攷槃集文錄》，收入《續修四庫全書》集部別集類第 1497 冊（上海：上海古籍出版社，1995 年，影印道光 13 年管氏刻本）。

方東樹：《書林揚觶》，收入嚴靈峰編：《書目類編》第 92 冊（臺北：成文出版社，1978 年影印蘇州文學山房排印本）。

方東樹：《跋南雷文定》收入《叢書集成續編》第 42 冊（臺北：新文豐出版公司，1989 年影印宣統元年《山房叢書》）。

方東樹：《漢學商兌》收入江藩、方東樹：《漢學師承記（外二種）》（香港：三聯書店，1998 年）。

方東樹：《儀衛軒文集》（臺北：中央研究院歷史語言研究所傅斯年圖書館藏，清同治年間刊本）。

方東樹著，汪紹楹點校：《昭味詹言》（北京：人民文學出版社，2006 年五刷）。

王汎森：《中國近代思想與學術的系譜》（臺北：聯經出版公司，2003 年）。

王茂、蔣國保、余秉頤、陶清合等著：《清代哲學》（合肥：安徽人民出版社，1992 年）。

史革新：《清代以來的學術與思想論集》（北京：社會科學文獻出版社，2011 年）。

皮錫瑞：《經學歷史》（臺北：藝文印書館，1987 年二版）。

全祖望著，朱鑄禹彙校集注：《全祖望彙校集注》（上海：上海古籍出版社，2000 年）。

朱維錚：《求索真文明 —— 晚清學術史論》（上海：上海古籍出版社，1996 年）。

朱熹：《四書章句集注》（北京：中華書局，2003 年）。

朱熹撰，陳俊民校訂：《朱子文集》（臺北：德富文教基金會，2000 年）。

江藩：《漢學師承記（外二種）》（香港：三聯書店，1998 年）。

牟宗三：《中國哲學十九講》（臺北：臺灣學生書局，1983 年）。

牟宗三：《心體與性體》（臺北：正中書局，1975 年）。

牟宗三：《從陸象山到劉蕺山》（上海：上海古籍出版社，2001 年）。

何澤恆：《焦循研究》（臺北：大安出版社，1990 年）。

余英時：《中國思想傳統的現代詮釋》（臺北：聯經出版公司，1987 年）。

余英時：《論戴震與章學誠》（北京：三聯書店，2000
　　年）。

余英時著，程嫩生、羅群等譯：《人文與理性的中國》（臺
　　北：聯經出版公司，2008年）。

李明輝：《孟子重探》（臺北：聯經出版公司，2001年）。

李明輝：《當代儒學的自我轉化》（北京：中國社會科學出
　　版社，2001年）。

李明輝編：《儒家經典詮釋方法》（臺北：喜馬拉雅基金會，
　　2003年）。

李慈銘：《越縵堂讀書記》（臺北：世界書局，1961年）。

阮元撰，鄧經元點校：《揅經室集》（北京：中華書局，2006
　　年重印）。

林啓屏：《儒家思想中的具體性思維》（臺北：臺灣學生書
　　局，2004年）。

林慶彰、張壽安主編：《乾嘉學者的義理學》（臺北：中央
　　研究院中國文哲研究所，2003年）。

俞孟宣：《本體論研究》（上海：上海人民出版社，1999年）。

姜廣輝：《走出理學 —— 清代思想發展的內在理路》（瀋陽：
　　遼寧教育出版社，1997年）。

柳宏：《清代論語詮釋史論》（北京：社會科學文獻出版社，
　　2008年）。

胡楚生：《清代學術史研究》（臺北：臺灣學生書局，1988
　　年）。

胡適：《戴東原的哲學》（合肥：安徽教育出版社，2006年）。

凌廷堪著，王文錦點校：《校禮堂文集》（北京：中華書局，
　　1998年）。

夏炘：《景紫堂文集》（臺北：文海出版社，1973 年）。

孫星衍著，駢宇騫點校：《問字堂集》（北京：中華書局，1996 年）。

徐世昌編纂，沈芝盈、梁運華點校：《清儒學案》（北京：中華書局，2008 年）。

徐復觀：《中國思想史論集》（上海：上海書店出版社，2004 年）。

徐復觀：《中國思想史論集續編》（上海：上海書店出版社，2004 年）。

桑兵、關曉虹主編：《先因後創與不破不立：近代中國學術流派研究》（北京：生活・讀書・新知三聯書店，2007 年）。

袁枚著，周本淳標校：《小倉山房詩文集》（上海：上海古籍出版社，2006 年二刷）。

高　翔：《近代的初曙 —— 十八世紀中國觀念變遷與社會發展》（北京：社會科學文獻出版社，2000 年）。

張岱年：《中國哲學大綱》（北京：中國社會科學出版社，1994 年三刷）。

張舜徽：《清人文集別錄》（武漢：華中師範大學出版社，2004 年）。

張壽安：《十八世紀禮學考證的思想活力》（北京：北京大學出版社，2005 年）

張壽安：《以禮代理 —— 凌廷堪與清代中葉儒學思想之轉變》（石家莊：河北教育出版社，2001 年）。

張學智：《明代哲學史》（北京：北京大學出版社，2000）。

張麗珠：《清代的義理學轉型》（臺北：里仁書局，2006

年）。

張麗珠：《清代新義理學 —— 傳統與現代的交會》（臺北：里仁書局，2003 年）。

張麗珠：《清代義理學新貌》（臺北：里仁書局，1999 年）。

梁啓超：《中國近三百年學術史》（北京：東方出版社，1996 年）。

梁啓超：《清代學術概論》（臺北：臺灣商務印書館，1993 臺二版）。

梁啓超：《論中國學術思想變遷之大勢》（上海：上海古籍出版社，2001 年）。

陳來：《朱子哲學研究》（上海：華東師範大學出版社，2000 年）。

陳居淵：《焦循阮元評傳》（南京：南京大學出版社，2006 年）。

陳祖武、朱彤窗：《乾嘉學派研究》（石家莊：河北人民出版社，2005 年）。

陳祖武：《清儒學術拾零》（長沙：湖南人民出版社，2002 年）。

陳榮華：《葛達瑪詮釋學與中國哲學的詮釋》（臺北：明文書局，1998 年）。

陳德和：《儒家思想的哲學詮釋》（臺北：洪葉文化事業公司，2002 年）。

陳澧：《東塾續集》（臺北：文海出版社，1971 年）。

陳澧：《東塾讀書記》（臺北：臺灣商務印書館，1975 年）。

章炳麟：《章太炎全集》（上海：上海人民出版社，1984 年）。

章炳麟：《訄書 初刻本 重訂本》（北京：生活・讀書・新

知三聯書店，1998 年）。

章學誠著，葉瑛校注：《文史通義校注》（北京：中華書局，
2000 年三刷）。

傅偉勳：《批判的繼承與創造的發展》（臺北：東大圖書公
司，1986 年）。

惠棟：《九經古義》，收於《叢書集成新編》第 10 冊（臺北：
新文豐出版社 1984 年影印《聚學軒叢書》）。

惠棟：《九曜齋筆記》，收於《叢書集成續編》第 20 冊（臺
北：新文豐出版公司，1989 年影印《聚學軒叢書》）。

惠棟：《松崖文鈔》，收於《叢書集成續編》第 191 冊（影
印《聚學軒叢書》）。

惠棟：《松崖筆記》，收於《叢書集成續編》第 20 冊（影印
《聚學軒叢書》）。

曾振宇：《中國氣論哲學研究》（濟南：山東大學出版社，
2001 年）。

曾國藩：《曾文正公（國藩）全集》（臺北：文海出版社，
1974 年）。

焦循：《里堂家訓》，收於《叢書集成續編》第 96 冊（光緒
11 年刊本）。

焦循：《論語通釋》，收於《木犀軒叢書》（臺北：中央研
究院傅斯年圖書館藏，光緒年間李盛鐸刊行）。

焦循：《論語補疏》，收於《皇清經解》第 32 冊（臺北：復
興書局，1961 年）。

焦循：《雕菰集》（臺北：鼎文書局，1977 年）。

焦循撰，沈文倬點校：《孟子正義》（臺北：文津出版社，
1988 年）。

程樹德著，程俊英、蔣見元點校：《論語集釋》（北京：中華書局，2008 年）。

程顥、程頤：《二程遺書》（上海：上海古籍出版社，2000 年）。

黃式三：《儆居集》，收於《儆居遺書二種》（臺北：中央研究院傅斯年圖書館藏，清光緒 14 年續刻本）。

黃式三著，張涅、韓嵐點校：《論語後案》（南京：鳳凰出版社，2008 年）。

黃宗羲：《南雷文定》，收於《叢書集成新編》第 76 冊。

黃宗羲著，沈芝盈點校：《明儒學案》（北京：中華書局，2010 重印）。

黃俊傑編：《中國經典詮釋傳統（一）通論篇》（臺北：喜馬拉雅基金會，2002 年）。

楊向奎：《清儒學案新編》（山東：齊魯書社，1988 年）。

楊儒賓、祝平次編：《儒學的氣論與工夫論》（臺北：臺大出版中心，2005 年）。

楊儒賓：《儒家身體觀》（臺北：中央研究院文哲所，1996 年）。

董金裕：《朱熹學術考論》（臺北：里仁書局，2008 年）。

漆永祥：《江藩與《漢學師承記》研究》（上海：上海古籍出版社，2006 年）。

漆永祥：《乾嘉考據學研究》（北京：中國社會科學出版社，1998 年）。

劉又銘：《理在氣中 —— 羅欽順、王廷相、顧炎武、戴震氣本論研究》（臺北：五南圖書出版公司，2000 年）。

劉師培：《清儒得失論：劉師培論學雜稿》（北京：中國人

民大學出版社，2004 年）。

潘德榮：《詮釋學導論》（臺北：五南圖書出版社，1999 年）。

蔣秋華主編：《乾嘉學者的治經方法》（臺北：中央研究院
　　文哲所，2000 年）。

鄭宗義：《明清儒學轉型探析 ── 從劉蕺山到戴東原》（香
　　港：中文大學出版社，2000 年）。

鄭福照：《清方儀衛先生東樹年譜》（臺北：臺灣商務印書
　　館，1978 年）。

黎靖德編，王星賢點校：《朱子語類》（北京：中華書局，
　　2004 年重印）。

盧文弨：《抱經堂文集》（北京：中華書局，1985 年）。

賴貴三：《焦循年譜新編》（臺北：里仁書局，1994 年）。

賴貴三編著：《昭代經師手簡箋釋》（臺北：里仁書局，1999
　　年）。

錢大昕：《潛研堂集》（上海：上海古籍出版社，2009 年）。

錢穆：《中國近三百年學術史》（臺北：臺灣商務印書館，
　　1995 年臺二版）。

錢穆：《中國學術史論叢（八）》（臺北：素書樓文教基金
　　會，2000 年）。

戴震：《戴震集》（臺北：里仁書局，1980 年）。

繆荃孫纂錄：《續碑傳集》（臺北：文海出版社，1973 年）。

顧炎武撰，徐文珊點校：《原抄本日知錄》（臺北：文史哲
　　出版社，1979 年）。

龔自珍：《龔定盦全集類編》（臺北：世界書局，1960 年）。

二、學位論文

石櫻櫻：《「執兩用中」之恕道 —— 焦循《論語》義理思想
　　之闡發》（臺中：逢甲大學中文系碩士論文，1998 年）。
林美珠：《方東樹漢學商兌研究》（高雄：高雄師範大學國
　　文系碩士論文，1992 年）。
張清泉：《清代論語學》（臺中：逢甲大學中文系碩士論文，
　　1991 年）。
廖千慧：《焦循論語學研究》（嘉義：中正大學中文系碩士
　　論文，1995 年）。
魏永生：《清中晚期漢宋學關係研究》（北京：北京師範大
　　學博士論文，1999 年）。

三、單篇論文

方旭東：〈詮釋過度與詮釋不足：重審中國經典解釋中的漢
　　宋之爭〉，《中國哲學史》，2005 年第 2 期，頁 61-65。
王世光：〈清代中期「以禮代理」說芻議〉，《孔子研究》，
　　2004 年第 2 期，92-128。
王家儉：〈清代禮學的復興與經世禮學思想的流變〉，《漢
　　學研究》，第 24 卷第 1 期（2006 年 6 月），頁 269-296。
王應憲：〈《國朝漢學師承記》的「黃顧問題」略論〉，《皖
　　西師院學報》，第 21 卷第 4 期（2005 年 8 月），頁 69-71。
何佑森：〈清代漢宋之爭平議〉，《臺大文史哲學報》，第
　　27 期（1978 年 12 月），頁 97-113。

李紀祥：〈清代學術之「開端」〉，《漢學研究》，第 27 卷第 3 期（2009 年 9 月），頁 283-316。

李紹戶：〈黃式三論語後案釋例〉，《建設》，第 24 卷第 12 期（1976 年 5 月），頁 33-37。

李貴生：〈論焦循性靈說及其與經學、文學之關係〉，《漢學研究》，第 19 卷第 2 期（2001 年 12 月），頁 375-398。

李贄：〈方東樹與十九世紀的漢學批評〉：《史學集刊》，2002 年 7 月第 3 期，頁 23-27。

周積明：〈乾嘉時期的學統重建〉，《江漢論壇》，2002 年第 2 期，頁 56-60。

佴小明：〈門戶之爭，還是漢宋兼采？ —— 析方東樹《漢學商兌》之立意〉，《雲南大學社會科學學報》，2001 年第 1 期第 27 卷，頁 139-140。

林存陽：〈清代禮學研究散論〉，《社會科學管理與評論》，2003 年第 4 期，頁 65-67。

林存陽：〈黃式三、以周父子「禮學即理學」思想析論〉，《浙江社會科學》，2001 年第 5 期，127-129。

姜廣輝：〈乾嘉漢學再評價 —— 兼評方東樹對漢學的回應〉，《哲學研究》，1994 年第 12 期，頁 46-52，31。

胡楚生：〈方東樹〈辨道論〉探析〉，《文史學報》，第 24 期（1994 年 7 月），頁 1-11。

胡適：〈焦循的論語通釋〉，收於《胡適文存》（臺北：遠東圖書公司，1990 年），頁 596-597。

衷爾鉅：〈理學和心學考辨 —— 兼論確認「氣學」〉，《甘肅社會科學》，總第 49 期（1988 年 5 月），頁 27-31。

商瑈：〈求是與求實 —— 黃式三的論語學〉，《興大中文學報》，第 21 期（2007 年 6 月），頁 1-33。

張涅、韓嵐：〈論語後案敘記五種〉，《浙江海洋學院學報（人文科學版）》，第 24 卷第 3 期（2007 年 9 月），頁 29-33。

張崑將：〈朱子對《論語‧顏淵》「克己復禮」章的詮釋及其爭議〉，《臺大歷史學報》，第 27 期（2001 年 6 月），頁 83-124。

張淑紅：〈《漢學商兌》與清中葉的漢、宋之爭〉，《南開學報（哲學社會科學版）》，2004 年第 1 期，頁 37-45。

張循：〈清代漢、宋學關係研究中若干問題的反思〉，《四川大學學報（哲學社會科學版）》，2007 年第 4 期，頁 43-53。

張循：〈漢學的內在緊張：清代思想史上「漢宋之爭」的一個新解釋〉，《中央研究院近代史研究所集刊》，第 63 期（2009 年 3 月），頁 49-96。

張壽安：〈黃式三對戴震思想之回應〉，收於《清代學術論叢》（臺北：文津出版社，2002 年），第三輯，頁 253-281。

張壽安：〈戴震對宋明理學的批評〉，《漢學研究》，第 13 卷第 1 期（1995 年 6 月），頁 15-41。

曹美秀：〈晚清漢、宋學視野中的朱子 —— 以陳澧與朱次琦為例〉，《成大中文學報》，第 31 期（2011 年 12 月），頁 163-188。

陳居淵：〈焦、阮、凌禮學思想合論〉，《國際漢學》，1998 年 10 月第 2 輯，頁 47-59。

陳逢源、黃瀚儀：〈朱熹《四書章句集注》徵引書目輯考〉，

《政大中文學報》，第 3 期，2005 年 6 月，頁 147-180。

黃克武：〈清代考證學的淵源 —— 民初以來研究成果之評價〉，《近代中國史研究通訊》，第 11 期（1991 年 3 月），頁 140-154。

黃愛平：〈《漢學師承記》與《漢學商兌》—— 兼論清代中葉的漢宋之爭〉，《中國文化研究》，1996 年冬之卷（總第 14 期），頁 44-49。

楊國榮：〈經學的實證化及其歷史意蘊〉，《文史哲》，1998 年第 6 期，頁 78-86。

楊儒賓：〈兩種氣學，兩種儒學〉，《臺灣東亞文明研究學刊》，第 3 卷第 2 期（2006 年 12 月），頁 1-39。

楊儒賓：〈論孟或六經 —— 近世東亞儒家思想史上兩種類型的回歸經典運動〉，《清華學報》，新第 32 卷第 1 期（2002 年 6 月），頁 87-115。

楊儒賓：〈檢證氣學 —— 理學史脈絡下的觀點〉，《漢學研究》，第 25 卷第 1 期（2007 年 6 月），頁 247-281。

劉又銘：〈明清自然氣本論者的論語詮釋〉，《臺灣東亞文明學刊》，第 4 卷第 2 期（2007 年 12 月），頁 107-147。

劉又銘：〈明清儒家自然氣本論的哲學典範〉，《國立政治大學哲學學報》，第 22 期（2009 年 7 月），頁 1-36。

暴鴻昌〈清代漢學與宋學關係辨析〉，《史學集刊》，1997 年第 2 期，頁 64-70。

潘振泰：〈清代「漢宋之爭」的宋學觀點初探 —— 以方東樹的《漢學商兌》爲例〉，《國立政治大學歷史學報》，第 20 期（2003 年 5 月），頁 213-235。

鄭吉雄：〈乾嘉學者經典詮釋的歷史背景與觀念〉，《臺大

中文學報》，第 15 期（2001 年 12 月），頁 245-281。

賴貴三：〈清儒焦循《論語通釋》與《孟子正義》學思論述〉，
　　收於臺灣師大文學院、中國經學研究會、孔孟學會主編：
　　《經學論叢》（臺北：洪葉文化事業公司，2003 年），
　　頁 140-184。

魏永生：〈黃式三學術思想評議〉，《東方論壇》，2000 年
　　第 3 期，頁 31-35。

四、外文譯作

（日）小野澤精一、福光永司、山井湧編著，李慶譯：《氣
　　的思想：中國自然觀和人的觀念的發展》（上海：上海
　　人民出版社，1992 年）。

（日）松川健二編，林慶彰等譯：《論語思想史》（臺北：
　　萬卷樓圖書公司，2006 年）。

（日）溝口雄三著，林右崇譯：《中國前近代思想的演變》
　　（臺北：國立編譯館，1994 年）。

（日）坂出祥伸著，楊菁譯：〈關於焦循的《論語通釋》〉，
　　《中國文哲研究通訊》第 10 卷第 2 期（2000 年 6 月），
　　頁 107-118。

（日）坂出祥伸著，廖肇亨譯：〈焦循的學問〉，《中國文
　　哲研究通訊》第 10 卷第 1 期（2000 年 3 月），頁 143-159。

（美）艾爾曼（Benjamin A. Elman）原著，，趙剛譯《從理
　　學到樸學 —— 中華帝國晚期思想與社會變化面面觀》
　　（南京：江蘇人民出版社，1998 年）。

（德）漢斯-格奧爾格‧加達默爾（Hans-Georg Gadamer）原

著，洪漢鼎譯：《真理與方法：哲學詮釋學的基本特徵》（臺北：時報文化出版公司，1993 年）。